쓰담쓰담
엄마손길

이 도서의 국립중앙도서관 출판예정도서목록(CIP)은 서지정보유통지원시스템 홈페이지 (http://seoji.nl.go.kr)와
국가자료공동목록시스템(http://www.nl.go.kr/kolisnet)에서 이용하실 수 있습니다.(CIP제어번호: CIP2015030405)

쓰담쓰담 엄마 손길

정혜미 지음 · 인선화 감수

베프북스
Best Friend Books

추천의 글

지아를 사랑하는 부모님의 마음이 고스란히 전달되는 소중한 책! 잠 투정 없는 자녀, 아침에 기분 좋게 일어나는 자녀, 우리 아이가 하루 일과를 기분 좋게 시작하길 원한다면 바로 이 책 《쓰담쓰담 엄마손길》을 권합니다. 확실한 책이네요.

인선화 국제지식인협회 대표

지아 엄마, 혜미 작가님의 베이비 마사지&요가 책 출간을 진심으로 축하드려요. 육아하면서 책을 낸다는 거 쉽지 않았을 텐데 지아와 아빠의 사랑이 있기에 가능했겠죠? 마사지를 통하여 아기와 스킨십을 하고 눈을 맞추고 교감한다는 건 엄마만이 맛볼 수 있는 감격인 것 같아요. 예비맘들!! 출산준비물 리스트에 이 책을 꼭 담으셔서 여자에서 엄마가 되는 기적을 함께 경험하시길 바랍니다. ^^

김송 가수

베이비 마사지는 영유아기 아이들에게 엄마의 자궁속 느낌, 모든 스트레스로부터 차단된 세상에서 가장 평온한 느낌을 재경험할 수 있도록 도와줍니다. 부모와 아이와의 정서적인 탯줄, 끈끈한 정서적인 유대감과 친밀감을 베이비 마사지를 통해서 경험한 아이들은 IQ, EQ 뿐 아니라 SQ(spiritual quotient, 창의적 재능), 리더십과 회복탄력성resilience이 향상됩니다. 소중한 내 아이가 몸도 마음도 건강하게, 잘 먹고 잘 자고 똑똑하고 멋지게 성장하기를 바라는 생후 1~2개월부터의 영유아기 자녀를 둔 부모에게, 그리고 학령기까지의 자녀를 둔 모든 부모에게도 소중한 내 아이와 더욱 행복해지는 스킨십, 베이비 마사지&요가를 적극 추천합니다.

양소영 허그맘심리상담센터 원장, 소아청소년상담전문가

베이비 마사지&요가는 '아이'의 신체, 정서 발달만을 위한 것이 아닙니다. 아이와 스킨십을 할수록, '부모 자신'이 느끼는 아이에 대한 사랑이 커지지 때문이지요. 아이와 친밀감을 누리고 싶은 아빠, 모성애가 기대만큼 느껴지지 않아 고민 중인 엄마에게 특히 이 책을 추천합니다.

정우열 생각과 느낌 클리닉 원장, 〈엄마만 느끼는 육아감정〉 저자

어리고 여리게만 보였던 예쁜 초보엄마 혜미 씨의 모습이 아직 생생한데 지아와 함께 성장하는 사랑스런 엄마로서 주는 땀과 애정, 그리고 수많은 노력을 담은 책이 완성되었다니, 너무나 멋지고 대견합니다. 지아에게 최고의 선물인 것 같아요. 이 책을 읽는 모든 분들도 혜미 씨처럼 소중한 아이를 키우면서 느끼는 건강한 행복함이 나날이 더 커져가길 바랍니다.

김정란 더 블레스 산후조리원 원장

Contents

추천의 글 ★ 4
〈쓰담쓰담 엄마손길〉 이렇게 보면 좋아요 ★ 12
프롤로그 ★ 14

Chapter 1
베이비 마사지&요가 준비하기

스킨십, 어렵지 않아요 ★ 20
베이비 마사지&요가가 좋은 점 ★ 22
위대한 엄마의 손길, 뱃속에서부터 느끼게 해주세요 ★ 24
베이비 마사지, 이렇게 준비하세요 ★ 28
내 아이에게 맞는 마사지 오일 고르기 ★ 44

지아맘 스토리 ★ 46
지아맘's Tip ★ 54
마사지 일기 ★ 56

Chapter 2
엄마가 만들어 주는
우리 아기의 소중한 몸,
베이비 마사지

우리 몸의 모든 기관이 모여 있는 '팔, 손 마사지' ★ 64
길고 곧게 뻗은 '다리, 발 마사지' ★ 72
소화가 편해야 해요 '배 마사지' ★ 80
면역력을 키워줘요 '가슴 마사지' ★ 88
우리 몸의 중심 '등 마사지' ★ 92
매력적이고 라인이 예쁜 '얼굴 마사지' ★ 98

지아맘 스토리 ★ *108*
지아맘's Tip ★ *112*
마사지 일기 ★ *114*

Chapter 3
우리 아기에게
건강한 몸과 마음을
선물해 주는 베이비 요가

키가 쑥쑥 성장판을 자극해 주는 '성장 발달 요가' ★ *122*
바른 자세와 선이 예쁜 몸을 '예쁜 몸매 요가' ★ *130*

지아맘 스토리 ★ *136*
지아맘's Tip ★ *140*
마사지 일기 ★ *142*

Chapter 4
우리 아기가 불편할 때
도움을 주는
힐링 마사지&요가

영아 산통 예방, 배앓이, 설사에 좋아요 ★ *146*
변비가 있는 아기를 도와줘요 ★ *148*
기관지와 폐를 튼튼하게 지켜줘요 ★ *150*
열을 내려주는 데 도움을 줘요 ★ *152*
잠이 솔솔 오게 해줘요 ★ *156*

지아맘 스토리 ★ *160*
지아맘's Tip ★ *166*
마사지 일기 ★ *168*

Chapter 5
사랑이 넘쳐나는 커플 마사지와 요가

아빠의 목소리와 함께 안정감을 주는 '태교 마사지' ★ *172*
날 수 있어요~ 아빠와 함께 '스윙 요가' ★ *178*
출산 후 엄마의 몸매를 날씬하고 탄탄하게
'1석2조 맘&베이비 요가' ★ *190*
언제 어디서나 쉽게 할 수 있는 베이비 마사지&요가 ★ *198*

마사지 일기 ★ *208*

에필로그 ★ *210*
부록 ★ *213*
이 책에 도움을 주신 분들 ★ *223*

《쓰담쓰담 엄마손길》
이렇게 보면 좋아요!

1. 지아맘 스토리&지아맘's Tip 활용하기

각 챕터의 말미에 수록된 '지아맘 스토리'를 통해 저자가 몸소 체험한 태교, 육아 이야기를 엿볼 수 있도록 구성했습니다. 뿐만 아니라 임신 중 불안을 떨쳐내는 노하우, 엄마들의 자기계발에 도움이 되는 사이트 등 유용한 정보들을 '지아맘's Tip'으로 담았습니다. 책 중간 중간 재미있는 에피소드로 머리도 식히고 유용한 정보도 습득하니, 일석이조겠죠?

2. 큐알코드

조금 어렵게 느껴지는 마사지 동작 옆에는 큐알코드를 수록해놓았습니다. 큐알코드를 스마트폰으로 찍으면 해당 마사지 동작을 영상으로 감상하실 수 있답니다. 큐알코드 리더기 애플리케이션을 다운받아서 이용해보세요.

3. 마사지 일기&부록 활용하기

각 챕터 말미에는 아기와 함께한 마사지와 요가 시간에 대한 기록을 남길 수 있도록 '마사지 일기' 공간이 구성되어 있습니다. 아기가 특히 좋아했던 마사지와 요가 동작, 기억에 남는 순간을 기록하며 또 하나의 추억을 만들어보세요. 또한 책 뒤편에는 벽에 붙여놓고 활용할 수 있는 부록이 수록되어 있습니다. 예쁘게 잘라 활용해보세요.

Prologue

안녕하세요? KBS〈엄마의 탄생〉이라는 육아 프로그램으로 인사드렸던 만두공주♡ 지아 엄마 정혜미입니다. 사실 처음엔 아무런 준비 없이 갑작스럽게(?) 찾아온 보물, 우리 지아를 갖게 되면서 큰 욕심과 혼란이 저를 매우 괴롭혔었어요. 저는 남들보다 더 많이 알아야 했고, 더 빨리 배워야 했지요. 갑자기 엄마가 되어버린 저에게 아기에 대한 정보들은 신세계였습니다. 배우면 배울수록 쏟아져 나오는 인체의 신비란 말로 표현하기 어려울 정도였어요. 그러다가 발견했던 게 바로 베이비 마사지와 요가였습니다.

마사지와 요가는 여자들만 누리는 건 줄 알았는데 아기들도 할 수 있다는 사실에 많이 놀랐어요. 마사지와 요가를 좋아하고 즐기던 저에게는 정말 관심 가는 주제였죠. 우리 아기 알콩이(지아 태명)가 태어나면 내가 좋아하던 마사지와 요가를 해줘야지! 아기가 있

으면 감히 엄두도 못 내는 마사지와 요가를 아기에게 해주는 것으로 대리만족을 해야지! 하는 생각으로 열심히 공부했답니다. 그렇게 베이비 마사지와 요가책도 보고, 강의도 듣고 웹서핑도 했습니다. 그런데 배우면 배울수록 베이비 마사지에 빠져들더라구요. 드디어 지아가 태어나고 마사지와 요가를 늘 일상처럼 해줬어요. 정말 기쁜 건, 그러면서 그 흔한 감기도 몇 번 앓지도 않았고, 정서적으로나 육체적으로나 정말 건강한 아기로 자라고 있다는 것입니다.

지아가 태어나 200일이 지날 무렵, 저는 더 많이 알고 싶고, 더 완벽하게 지아에게 베이비 마사지와 요가를 해주고 싶은 마음에 전문가가 되자고 다짐하게 되었어요. 그렇게 베이비 마사지와 베이비 요가 자격증을 취득했고, 지금까지 제 인생의 보물인 지아는 밝고 건강한 사랑스러운 아기로 잘 자라고 있답니다.

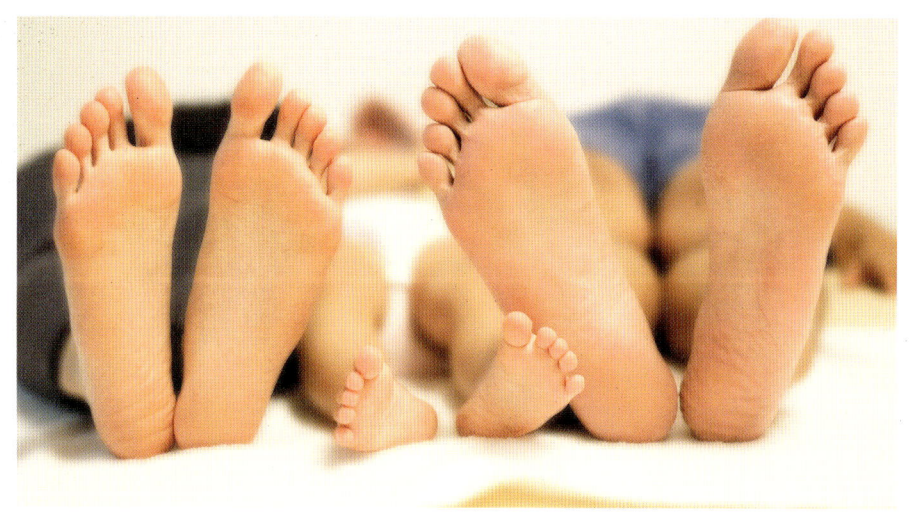

이 책에 매일매일 우리 인생을 행복하게 만들어주는 세상의 모든 아기들이 더 건강하고, 더 바르게 자랐으면 하는 제 소망을 담았습니다. 그리고 엄마의 스킨십과 사랑이 우리 아기에게 얼마나 엄청난 결과를 가져다주는지, 엄마는 정말 위대하다는 사실을 이 책을 통해 꼭 알려드리고 싶어요.

2015년 11월
이 세상의 모든 위대한 엄마들에게
정혜미

Chapter 1

베이비 마사지&요가 준비하기

스킨십, 어렵지 않아요

스킨십은 사람이라면 누구에게나 필요하고 누구나 원하는 것이죠. 기분 좋은 스킨십은 부모와 자식 사이에, 부부 사이에, 사람과 사람 사이에 유대감을 형성하고 사랑을 키워줍니다. 아주 옛날인 원시시대부터 인류는 스킨십을 통해 질병을 치유하고 통증이나 고통을 감소시켰다고 합니다. 옛날부터 '엄마 손은 약손'이라고 해서 아기가 아프면 엄마가 나지막한 목소리로 노래를 불러주며 손에 따뜻한 온기를 담아 사랑으로 아픈 배를 쓱쓱 문질러 주었던 것도 그 한 예가 될 수 있겠지요. 그러면 신기하게도 아팠던 배가 치유되는 것을 느꼈던 기억이 생생하네요.

이러한 스킨십에서 유래된 마사지는 현재까지도 긴장을 풀어주거나 통증을 없애는 목적으로 이용되고 있으며 특히 베이비 마사지는 아기의 정서발달과 성장발달, 엄마의 사랑을 담아 아기에

게 정서적으로 편안함을 주는 것에 목적이 있어요. 베이비 마사지는 촉각이 가장 먼저 발달하는 아기에게 더없이 훌륭한 육체적, 정신적 건강의 선물이랍니다.

베이비 마사지&요가가 좋은 점

어떤 엄마들은 베이비 마사지가 아기의 몸이나 피부에 자극을 줄까봐 염려하기도 하는데요. 사실 잘못된 방법으로 하지만 않는다면 베이비 마사지는 해로울 이유가 하나도 없습니다. 베이비 마사지&요가는 아기와 엄마가 눈을 마주 보는 상태에서 나누는 신체접촉으로 깊은 유대관계가 형성되고, 아기에게 신뢰감을 주어 사회성 발달에 도움이 되며 정서적으로 안정감을 느끼게 해줍니다.

또한 아기는 스킨십을 통해 엄마의 사랑을 느끼게 되고, 자극을 통해 육체적인 성장이 촉진됩니다. 소화기관 및 내장기관의 기능이 원활해지도록 도움을 주고, 피부도 좋아지며 안정적인 수면을 유도하고 면역력도 강화되지요. 뿐만 아니라 엄마에게 내 아기를 더 소중히 여기고 사랑하는 마음이 커지도록 도움을 주고 양육에 대한 자신감을 길러줍니다.

정서적인 면

★ 엄마의 사랑이 담긴 부드러운 손길로 터치를 해주면 아기의 뇌 속에 세로토닌이라는 성분이 촉진되어 정서적으로 안정감을 느끼게 해서 숙면에 도움이 됩니다.

★ 엄마는 아기의 이곳저곳을 터치하면서 유심히 살펴볼 수 있고 반응에 대한 신호를 읽을 수 있어 아기와의 의사소통이 원활하게 됩니다.

★ 정서적인 교감을 통해 안정감과 집중력을 길러주고 엄마와 아기 사이의 사랑이 커지며 신뢰 형성에 큰 도움을 줍니다.

육체적인 면

★ 오감 중에 가장 먼저 발달하는 촉각을 발달시켜 다양한 자극을 통해 두뇌 발달에 도움을 줍니다.

★ IQ와 EQ 발달에 좋은 영향을 줍니다.

★ 아기의 피부, 혈관계, 소화기관 등을 자극해 몸 전체를 튼튼하게 해주고 편안함을 줍니다.

★ 혈액 순환을 촉진해 몸속의 노폐물을 배출시켜 줍니다.

★ 성장을 촉진하고 성장통을 예방해 편안한 상태에서 숙면할 수 있도록 도와줍니다.

★ 면역체계와 순환계에 자극을 주어 면역력과 저항력을 길러주며 몸속의 노폐물을 제거해 줍니다.

★ 아기의 근육, 뼈, 피부의 유연성을 길러 줍니다.

베이비 마사지&요가, 이렇게 좋아요!

위대한 엄마의 손길, 뱃속에서부터 느끼게 해주세요

생명을 품을 수 있다는 것은 정말 감동적이에요. 여자인 것이 자랑스럽고 존경받을 수 있는 가장 큰 이유라고 생각해요. 엄마와 아기는 아주 사소한 감정과 작은 느낌까지도 함께 공유하며 10개월을 한 몸으로 보내요. 임신 기간 동안 우리는 태교를 하며 아기와 많은 교감을 나누는데, 가장 좋은 태교 방법 중 하나는 편안한 환경에서 아기와 스킨십을 나누는 거예요. 아기는 엄마 자궁에서부터 촉감을 느낄 수 있다는 보고가 있을 정도로 촉감은 가장 먼저 발달하는 감각기관이라고 해요. 저는 시간이 날 때마다 편안하고 따뜻한 분위기를 만들어 놓고 오일로 배를 어루만지며 아기와 대화를 했어요. 그때는 잘 못 느꼈는데 지아가 태어나고 나서 많은 사람들에게 이런 말을 들었어요.

"아기가 정말 순해요. 태교를 잘하셨나 봐요."

처음에는 그냥 지아가 성격이 순한가 보다 생각했는데, 엄마와 뱃속에서부터 교감한 아기들은 정서가 안정적이라는 사실을 알고 정말 보람을 느꼈어요. 그리고 꾸준한 오일마사지로 제 뱃살도 튼살 없이 탱탱하게 돌아왔죠. 태교도 하고, 내 뱃살도 지키고 1석 2조 스킨십 태교예요.

마사지 방법

★ 조용한 노래를 틀어 놓고 기분 좋은 상태로 소파나 침대에 편안하게 기대어 앉아요.

★ 준비한 오일이나 크림으로 배꼽을 중심으로 두고 점점 크게 원을 그리며 배 전체에 발라 준다는 느낌으로 마사지해 줍니다.

★ 배꼽을 중심으로 두고 양손을 배 위에 하나씩 올린 후 바깥에서 안쪽으로 원을 그려주며 마사지해 줍니다.

★ 양손을 교차하며 배 전체를 부드럽게 마사지해 줍니다.

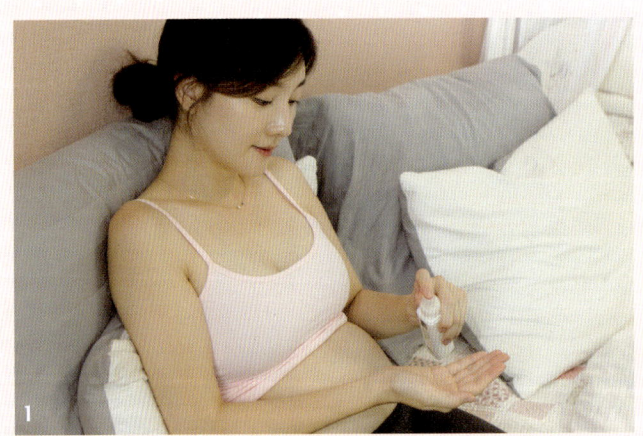
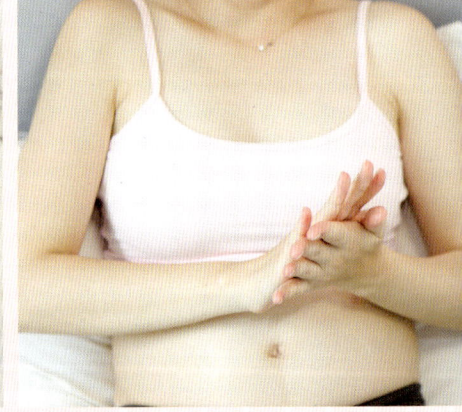

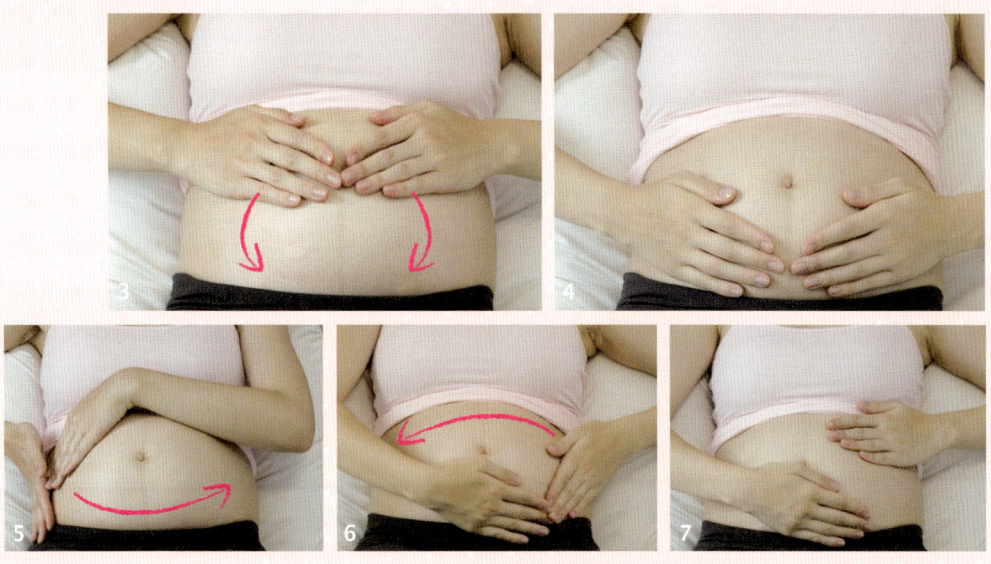

Tip

기분 좋은 상태로 마사지를 해야 손에 좋은 기운과 엄마의 감정이 태아에게 그대로 전달됩니다. 임신과 동시에 출산 준비를 하는 엄마의 몸은 관절과 근육들이 약해져 있어 마사지를 하며 손목에 무리가 갈 수도 있어요. 이럴 땐 남편에게 배 마사지를 부탁해보세요. 태아도 더 좋아한답니다 (Chapter5. 사랑이 넘쳐나는 커플 마사지와 요가 - 아빠의 목소리와 함께 안정감을 주는 '태교마사지'를 참고하세요).

★ 주의 ★ 각 동작은 1~2분 정도로 하고 전체 배 마사지 시간은 총 10분이 넘어가지 않도록 합니다. 최대 하루 3회 이하로 합니다. 부드럽게 마사지를 진행하기 위해 오일이나 크림은 충분히 발라줍니다.

베이비 마사지, 이렇게 준비하세요

마사지는 사실 준비가 반이에요. 거창한 것 같지만 생각보다 많은 준비물이 필요하다거나 까다롭진 않아요. 늘 우리 아기가 쓰고 있는 것들이기 때문에 조금만 더 신경 써준다고 생각하시면 돼요. 마사지는 단순히 몸을 주물러준다는 것 외에도 아기와 정서적 교감을 하는 의미가 있기 때문에 따뜻하고 아늑한 분위기의 환경을 만들어 주는 것이 중요하답니다. 그리고 무엇보다 가장 중요한 건 아기와 스킨십을 하는 엄마(또는 아빠가 될 수도 있겠죠)의 컨디션이에요. 엄마의 좋은 기운이 손을 통해 아기에게 그대로 전달되기 때문에 좋은 기분으로 마사지를 해주셔야 합니다. 아기에게 아늑하고 기분 좋은 집안 환경은 정서적으로 안정을 주어 건강하게 자랄 수 있도록 해줍니다. 그리고 평소에도 늘 화목하고 편안한 분위기를 만들어주세요. 엄마와 아빠, 그리고 사랑스러운 아기 모두에게 행복한 하루하루가 될 거에요.

준비물

1. 온도

마사지는 옷을 벗고 진행하기 때문에 환경에 따라 아기가 추위나 더위에 쉽게 노출될 수 있어요. 실내온도를 24~26도로 맞춰주세요. 마사지할 때뿐만이 아니라 적당한 습도 유지도 중요합니다. 돌 이전의 아기들은 호흡기관들이 아직 안정되지 않아서 감기에 걸리기 쉬워요.

2. 부드러운 바닥

아기가 다치지 않도록 부드러운 바닥 환경을 준비해주세요. 저는 보통 아기 매트 위에 도톰한 수건을 깔아주는데, 차가운 매트에 맨살이 닿는 것도 좋지 않고 오일이 바닥을 오염시키는 걸 방지하기 위해서이지요.

3. 베이비 전용 순한 오일

유해 화학 성분이 순한 아기 피부에 자극을 줄 수 있으므로 성분을 꼼꼼히 확인한 후 준비해주세요. (유의해야 할 오일 성분에 대해서는 뒤에서 한 번 더 자세히 설명해드릴게요.) 아기의 정서 안정 효과가 있는 아로마 테라피 효능이 있는 오일이라면 더 좋아요.

4. 수건, 물티슈

오일이 흘러내릴 수 있으니 손이 닿는 곳에 수건이나 물티슈를 준비해주세요. 또 기저귀를 벗은 채로 마사지를 할 때 종종 아기가 쉬~ 하는 경우도 있어요.^^; 빠른 대처가 필요하겠죠?ㅎㅎ

5. 음악

아기가 편안하게 느낄 수 있는 조용한 음악을 준비해주세요. 꼭 클래식 같은 음악이 아니어도 좋구요. 평소에 아기가 즐겨듣는 동요나 영어동요, 구연동화 등 아기가 좋아하는 거라면 모두 괜찮답니다. 만약에 음악이 준비되지 않았다면 익숙한 엄마의 목소리로 노래를 불러주거나 도란도란 이야기를 나누면서 편안함을 주는 것도 아주 훌륭한 방법이에요.

Tip

겨울철에 마사지를 하는 경우에는 실내 온도에 특히 신경 써주세요. 겨울철에는 목욕도 추워서 잘 안 하게 되는데 사실 마사지는 건조한 겨울철에 쉽게 거칠어질 수 있는 연약한 우리 아기들의 피부를 위해 꼭 해줘야 해요. 촉촉하게 보습시켜 줄 수 있는 아주 좋은 방법입니다.
거실보다는 따뜻한 방이나 아기의 잠자리 위에서도 좋고 실내온도가 따뜻하지 않을 경우에는 꼭 탈의를 하지 않아도 되고 엄마와 아기가 가벼운 이불을 뒤집어쓰고 아늑한 분위기에서 하는 방법도 좋아요. 그리고 엄마의 손은 아기의 몸에 직접 닿기 때문에 꼭 따뜻한 물로 씻거나 양손으로 마찰을 해서 아기가 놀라거나 마사지에 거부반응이 생기지 않도록 따뜻하게 해주세요.

마음가짐

마사지를 받기 전에 아기의 컨디션이나 주변 분위기도 매우 중요하지만 엄마의 마음가짐도 빼놓을 수 없어요. 스킨십은 촉감으로 서로 교감하기 때문에 엄마가 불편한 감정이나 고민을 가진 상태로 터치를 한다면 아기에게 좋은 영향을 끼칠 수가 없답니다. 엄마의 좋은 에너지가 아기에게 전달될 수 있도록 아기를 사랑하는 마음을 가지고 마인드 컨트롤을 해보세요. 육아 스트레스와 산후 우울증도 가뿐하게 이겨낼 수 있어요.

주의사항

1. 아기의 컨디션을 꼭 확인해 주세요! 방이 춥거나 덥지 않은지 실내온도도 체크해 주세요(기저귀만 차거나 아니면 모두 탈의한 상태로 마사지를 진행하기 때문에 짧은 시간이더라도 실내온도가 따뜻하게 유지될 수 있도록 준비해 주세요. 26도 정도가 가장 좋아요).

2. 아기가 졸리거나 배고파서 칭얼대지는 않는지, 수유한 지 30분~1시간 이상이 지났는지(특히 100일 이하의 아기들은 소화기관 발달의 미숙으로 게워낼 수 있어요), 기저귀를 확인했는지 체크해 주세요.

3. 마사지를 할 때는 손을 청결히 하고, 손톱은 짧게, 액세서리를 착용하지 않고 꼭 손에 힘을 빼고 최대한 약한 힘으로 가볍게 해 주세요. 아기들은 관절과 피부가 연약해 자극이 갈 수 있어요(마사지의 강도는 오일을 아기 몸에 발라준다는 느낌 정도면 충분합니다).

4. 간혹 열이 심할 때, 감기에 걸렸을 때, 피부병에 걸렸을 때 등

아기가 아플 때 해주는 마사지 방법들이 있어요. 아기가 질병에 걸렸을 때는 꼭 의사 선생님과 상담 후 마사지를 하세요. 개인적으로 저는 추천해 드리고 싶지는 않아요. 베이비 마사지와 요가는 아기가 건강하게 자랄 수 있도록 도움을 주는 것이고, 질병으로부터 면역력을 키워 예방하고 마음을 치유(힐링)하고자 해주는 것이지 주된 목적이 질병 치료는 아니기 때문입니다.

5. 예방접종 후 48시간 이내에는 마사지를 해주지 마세요. 염증을 유발할 수도 있고 예방접종 후에는 대체로 아기의 컨디션이 좋지 않아요.

6. 마사지를 받는 도중에 아기가 울면서 보채거나 거부하는 경우에는 억지로 하지 않고 바로 중단합니다. 잠시 휴식을 취하고 다시 시도해도 좋아요. 아기에게 스트레스를 주면 안 돼요.

7. 둘째 아기에게 마사지를 해줄 때 개구쟁이 첫째가 있으시다면 어린이집이나 유치원 갔을 때, 낮잠을 잘 때나 외출을 했을 때 해주는 방법도 나쁘지 않아요.(아는 언니에게 들었는데 첫째가 호기심이 풍부한 나이라 엄마가 동생에게 마사지 해주는걸 보고 자꾸 따라하는데 동생이 너무 괴로워한다고 하네요. 꼭 주의시켜주세요.) 힘 조절이 안 되는 어린이들은 아기들의 관절과 피부를 상하게 할 수 있어요. 아기들의 관절과 피부는 정말 약하답니다.

Q&A

1. 베이비 마사지를 시작하는 시기는?

마사지를 꾸준히 받게 하려면 익숙해지는 게 중요하므로 태어나자마자 빠르면 빠를수록 좋아요. 신생아 때는 쓰다듬는 정도로 가볍게 해주시고, 2개월 무렵부터 천천히 시작합니다. 그리고 유대감 형성에 가장 좋은 게 스킨십이기 때문에 영, 유아기에만 그치지 않고 청소년기까지 꾸준히 해주시는 것도 좋아요. 엄마의 관심과 사랑이 담긴 스킨십이 예민해질 수 있는 사춘기 자녀에게 부모와 단절되지 않도록 좋은 수단이 되어줄 거예요.

2. 하루 중 언제, 시간은 얼마나 해주면 좋을까?

신생아 때는 5분 이내로 짧게 해주시는 게 좋고 아기가 대부분의 시간을 먹고 자는 데에 보내기 때문에 목욕시간을 이용하는 게 좋아요. 목욕 후 오일과 로션을 발라줄 때 해주면 긴장이 풀려 숙면을 취하는 데 도움을 줍니다. 그 이후에는 하루 중 편한 시간, 아기가 기분이 좋을 때 매일 같은 시간에 지속적으로 해주는 것이 가장 중요해요. 처음엔 5분 정도 하고 점차 시간을 늘려갑니다. 마사지에 익숙해진 후에는 특별한 기준은 없지만 총 마사지 시간은 30분을 넘기지 않는 게 좋아요. 너무 오랜 시간 했을 경우에는 아기가 축 처지거나 몸살이 날 수도 있어요.

하지만 아기가 기어 다니면서부터는 사실 마사지를 해준다는 게 쉬운 일은 아니에요. (지아도 마사지를 엄청 좋아했는데 기어 다닐 무렵부터는 가만히 누워 있지를 않아서 힘들었어요.) 그때부터는 이미 마사지가 익숙해져 있는 상태이기 때문에 따로 시간을 내지 않고도 아기의 컨디션이 좋다면 시간 날 때마다 해주면 좋아요. 텔레비전을 볼 때, 기저귀를 갈 때, 목욕 후 오일과 로션을 바를 때, 어린이집에 가기 전에, 아침에 깨울 때 등 아기가 불편함을 느끼지 않을 때라면 언제든지 좋아요.

3. 꼭 책에 나온 대로 지켜야 하나요?

아기마다 같은 개월 수이더라도 발달 상태가 다르기 때문에 아기의 성장에 맞추어 진행합니다. 완벽한 자세나 시간과 횟수는 아기의 기분과 상황에 따라 조절할 수 있어요. 하지만 좀 더 체계적인 동작으로 해준다면 좋은 효과가 나타날 수 있고 도움이 될 거예요. 꼭 순서를 지켜야 하는 것은 아니지만 마사지의 시작은 부담이 가지 않게 심장에서 먼 곳부터 시작합니다. 발, 다리 → 복부 → 가슴 → 팔, 손 → 얼굴 → 등.

4. 베이비 마사지&요가를 할 때 특별히 주의해야 할 사항은?

가장 중요한 것은 아기의 상태입니다. 아기가 몸이 아프거나 기운이 없어 컨디션이 좋지 않을 경우에는 하지 않는 편이 좋습니다. 아기가 싫어하거나 칭얼대는 경우에는 좋아하는 노래를 틀어주거나 아기가 좋아하고 잘하는 요가 동작으로 칭찬을 많이 해주면서 시도해보세요. 그래도 싫어하는 경우에는 중단하고 아기가 좋아하는 다른 놀이로 기분전환을 시켜주세요. 그리고 다시 마사지나 요가를 시작해 보는 방법도 좋아요.

내 아이에게 맞는 마사지 오일 고르기

오일을 고를 때에는 모공을 막는 성분이나 향료, 방부제와 같은 피부에 자극이 되거나 신체에 알레르기를 유발할 수 있는 유해 화학 성분이 들어 있지 않은 아기 전용의 순한 성분의 제품으로 골라야 합니다. 특히 마사지에서 가장 중요한 오일을 고를 때에는 식물성 오일이나 그런 성분이 함유된 것이 좋아요. 피부에 흡수도 잘되고 아직 소화 기관이 발달되지 않은 아기들이기 때문에 혹시 마사지 중 오일이 입에 들어가는 일이 생기더라도 안전합니다.

예) 동백오일, 올리브오일, 코코넛오일, 호호바오일, 아몬드오일 등.

특히 피부가 약하거나 건조하거나 아토피, 알레르기 등 연약한 피부를 가진 아기들은 더 신경 써서 꼭 피부에 적합한 오일로 선택해 사용하세요.

오일뿐만 아니라 로션, 크림, 바디워시, 샴푸 등 피부가 연약한 아기들의 화장품을 고르실 때에는 꼭 유해 화학 성분을 꼼꼼히 체크해 구입하세요. 어릴 때부터 우리 아기들 피부를 소중하게 지켜주는 똑소리 나는 엄마가 되자구요!^^

유해 화학 성분	용도	유해성
파라벤	방부제	알레르기 유발, 내분비계 교란, 유방암 유발 의심물질
페녹시에탄올	방부제	알레르기 유발, 마취작용, 강한 피부자극
미네랄오일	방부제, 연화제	발암성 물질, 피부호흡 방해, 피부 질환 유발
파라핀	방부제, 점증제	발암성 물질, 피부호흡 방해
포름알데히드	방부제, 살균제	알레르기 유발, 발암성 물질, 피부 자극 유발
폴리에칠렌글라이콜	계면활성제	발암성 물질, 간/콩팥 기능 장애 유발
폴리프로필렌글라이콜	보습제, 계면활성제	발암성 물질, 간/콩팥 기능 장애 유발
트리에탄올아민	계면활성제, 유화제	
이미다졸리디닐우레아	방부제	발암성 물질
디아졸리디닐우레아	방부제	발암성 물질
이소프로필알코올	방부제, 살균제	어지러움증, 두통 유발
디메치콘	점증제, 계면활성제	피부호흡 방해
탈크	파우더	발암성 물질, 호흡기장애 유발
BHT/BHA	산화방지제	신경독성, 피부장애 유발, 방암성물질, 환경호르몬
사이클로메치콘	연화제	피부호흡 방해
벤조페논	자외선 차단제	환경호르몬 의심, 발암성 물질, 신경독성
옥시벤존	자외선 차단제	순환기 장애, 피부자극 유발
디에탄올아민	유화제	피부기능장애유발, 발암성 물질, 간/콩팥기능 장애 유발
소듐라우릴설페이트	세정제	피부기능장애유발, 발암성 물질
소듐라우레스설페이트	세정제	피부기능장애 유발, 발암성 물질
디소듐이디티에이	점증제	알레르기 유발, 콩밭기능 장애 유발
살리실산	살균제	알레르기 유발, 피부염 유발, 홍조, 발진, 가려움
트리클로산	살균제	호르몬 대사 방해, 신경계 교란, 발암성 물질
쿼터늄-15	살균보조제	알레르기 유발, 발암성 물질, 피부 자극 유발
인공향료 (적색0호, 황색0호, 청색0호)	착색제	알레르기 유발, 발암성 물질

★ 책의 부록에 벽에 붙여놓을 수 있도록 주의할 유해 화학 성분표를 수록해 두었어요. 잘라서 잘 보이는 곳에 붙여놓고 사용하세요.

지아맘 스토리

세상에서 가장 위대한 이름, 엄마

임신과 출산이 가져다주는 행복은 세상 그 무엇과도 바꿀 수 없지만 큰 행복만큼 여자로서 포기해야 하는 것이 생기는 것 같아요. 엄마가 되는 행복감과 동시에 엄마가 되면서 여자의 아름다움을 잃는다고 생각하게 되지요. 나 혼자만 다 포기하는 것 같고, 하던 일, 먹는 거, 즐기는 거 뭐든 할 수 없는 것만 늘어나고 아기를 낳는 것에 대한 두려움과 육아 걱정, 다이어트, 집안일, 직장생활 등으로 정신적으로 예민해져 몸과 마음이 다 힘들죠.

사실 저도 임신 사실을 알았을 때는 청천벽력이 따로 없었어요. 어리석게도 저에게 온 보물을 몰라보았죠. 지금 생각해보면 정말 로또고 축복인데 말이에요. 스물여섯이라는 어린 나이에, 그 당시에는 준비하고 있었던 드라마와 영화도 포기해야 했고, 더군다나 결혼 전이었기 때문에 더 힘들었죠. 밤새 울고 며칠 밤을 혼자 고민했었죠. 그럴 때 저에게 다시 힘을 주었던 것은 가족들의 사랑이었어요. 따뜻하게 제 임신을 진심으로 축복해주었고 얼른 부모님들께 알리고 결혼준비부터 서둘러야겠다고 신이 나서 입이 귀에 걸려 펄쩍펄쩍 뛰던 제 남편의 모습은 너무 얄미웠지만 이제 와 보니 정말 고맙더라구요.^^

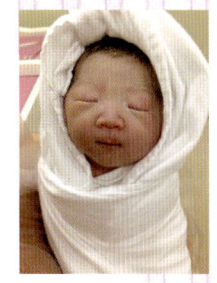

　그렇게 마음을 추스르고 알콩이(지아 태명)의 두 번째 정기 검진 날이었던 2013년 6월 17일, 북적대던 병원에서 산부인과가 낯설고 어색하기만 했던 그 날의 기억은 아직까지도 잊혀지지 않네요. 질 초음파 검사가 아직 어색하고 불편해서 하기 싫고 무섭다는 생각만 하면서 잔뜩 긴장하고 누워 모니터를 보는데…
　'쿵닥쿵닥쿵닥'
　그냥 동글동글하게 생긴 녀석에게 벌써 심장이 있다는데, 그 심장이 정신없이 우렁차게 뛰고 있는 거예요. 드라마나 영화처럼 그 순간 지아의 심장소리에 남편과 저는 동시에 눈시울이 붉어졌고 정말 행복했고 감동 그 자체였어요. 그 날 이후로 거짓말처럼 제 모든 고민과 걱정들은 한순간에 사라졌고 제 모든 시간은 지아를 맞이할 설렘과 기다림 속에서 흘러갔죠. 한 달 동안 울고불고 힘들어했던 바보 같은 저 자신을 질책했고 알콩이에게 너무너무 미안해하며 얼른 태교부터 시작했어요.
　당장 서점부터 달려가서 태교·육아·출산 관련 책을 한 10권은 샀나봐요. 하하. 지금도 책장에 두세 권은 깨끗한 새 책으로 남아 있답니다. 의욕이 너~무 앞섰던 게지요. 사온 책들을 독후감까지 쓸 수 있을 정도의 열정으로 정독하고 남편한테 마사지, 자장가, 동화책 읽기, 태담 등 별걸 다 주문했어요. 마사지는 제가 부탁할 때는 곧잘 해주더니 자진해서 해주지는 않더군요. 남편들이란… 꼭 시켜야 한다니까요, 그죠? 그래서 제가 매일 시켰어요! 그래도 시키는 건 참 잘 들어주거든요. 책에도 잠깐 소개했지만, 남편이 임신한 아내를 위해 해주는 마사지는 아내의 마음을 편안하게 해주고 정서적인 교감을 하는 데 있어 정말 좋은 것 같아요. 이 책을 읽는 예비 엄마, 아빠들에게 꼭 권해주고 싶어요. 마사지는 잘 해주는 남편이지만 자장가나 동화책 읽기 등은 도저히 닭살이 돋고 오그라들어서 못하겠다고 하더라구요. 자장가나 동화책읽기는 딱 한 번 했어요. 쑥스럽대요. 사실 듣고 있는 저도 웃겨서 강력하게 시키지는 못했어요. 근데 둘째는 다시 도전해 보려구요! 아빠 목소리가 태아에게 안정감을 주어서 정말 좋대서요. 여보 파이팅!^^

아기를 기다리며 아기에게 가장 좋은 것을 해주고 싶은 엄마의 마음은 정말 대단한 것 같아요. 저도 우리 알콩이를 위해 엄청나게 무식한 태교를 하나 했어요. 바느질 태교 아시죠? 엄마가 손을 많이 쓰면 아기 뇌가 발달한다는 소리에 정말 미친 듯이 밤낮으로 바느질을 너무 무식하게 했었지요. 엄마들의 마음은 모두 같나 봐요. 그저 뇌가 발달한다니까 똑똑하게 키우고 싶은 마음에 바느질 풀세트를 할부로 구입했어요. 배냇저고리, 모자, 손싸개, 발싸개, 손수건, 속싸개, 딸랑이 공, 곰 인형, 토끼 인형, 말 인형,

알콩이 보다 더 큰 인형 1개. 이걸 제가 다 손바느질로 만들었다는 거 아니겠어요? 한 2/3쯤 만들었을 때 제 손목에 이상이 오더라구요. 아직 출산도 안 했는데 퉁퉁 붓고 아프고 시리고… 결국 정형외과 신세까지 지고, 손목을 더 무리해서 쓰면 출산하고 육아에 지장이 있고 수술해야 할 수도 있다는 이야기까지 듣게 됐어요. 너무 놀랐죠. 결국 나머지 바느질은 제 동생과 남편에게 스파르타로 훈련시키며 마무리를 짓게 되었어요. 하하. 삐뚤빼뚤 제 마음에 쏙 들지는 않았지만 덕분에 모두 완성이 되어서 지아에게도 좋은 선물이 되었고 제 손목도 정상으로 돌아왔답니다. 지금 생각해보면 정말 무식했죠. 다시 하라고 하면 절대 못 할 것 같아요. 달콩이(지금 제 뱃속에는 17주된 두 번째 보물이 있어요♡)에게는 미안하지만, 지금은 아무런 바느질도 안 하고 있답니다. (사랑하는 마음은 결코 뒤지지 않아 달콩아^^;;) 그래도 독서와 배 마사지는 빼놓지 않고 하고 있어요. 또 지아랑 놀면서 동요도 많이 듣고 부르고 많이 웃으면서 자연스럽게 태교가 되는 것 같아요. 저도 모르는 사이에 더 여유 있어지고 편해지고, 능숙하고 성숙한 엄마가 되어가고 있네요.

첫째 때는 기대하고 기다리는 마음만큼 사실 출산에 대한 두려움도 있었어요. (마치 속설이나 전설처럼 내려오는 경험자들의 그 무시무시한 말들 있잖아요. 어쩌나 겁을 먹게 하는지.) 무통주사가 안 듣는 사람도 있다, 척추에 맞는데 무지하게 아프다, 진통은 다 했는데 재왕절개 하는 사람도 꽤 있다, 관장이 너무 힘들다, 애 낳을 때 보다 내진이 더 고통스럽고 수치스럽다, 뭐 열흘 만에 똥 싸는 느낌이다, 수박이 나오는 것 같다… 뭐 별별 말을 다 듣고 온갖 걱정을 했는데 저 또한 유경험자로서 이렇게 말해주고 싶어요. 생각보다 낳을만해요. 정말요! 그리고 낳자마자 내 새끼가 내 품에 안기면 아무 고통도 없어요. 걱정하지 마세요.^^ 저도 지금 마음은 그때보다는 훨~씬 괜찮아요. 아프고 긴 시간이었지만 고통보다는 처음 알콩이를 품에 안았을 때 그 순간이 잊을 수 없는 큰 감동이라 또 저에게 다가올 감동적인 출산의 날에 대한 기대만 크네요. 누굴 닮았을지 어떻게 생겼을지 왕자님일지 공주님일지 궁금한 마음뿐이고 건강하고 사랑스러운 아기이길 바라는 마음뿐이에요.

  떨리는 마음으로 아기를 기다리고 있을 예비 엄마가 있다면, 조금이나마 저의 이야기로 힘과 용기를 얻으셨으면 좋겠어요. 출산은 또 하나의 세계가 열리는 것이지, 이전의 여자로서의 세계가 사라져버리는 것이 아니라는 걸 꼭 이야기해드리고 싶어요.

지아맘's Tip!

임신 중 불안, 이렇게 떨쳐내요

1. 남편에게 도움 청하기

임신과 태교, 출산은 엄마의 몫만이 아니랍니다. 사실 남자들도 돕고 싶지만 어떻게 해야 할지 모르고 서툴러서 쉽게 다가오지 못하는 경우가 많다고 해요. 그리고 사실 임신하게 되면 예민해지기도 하고 기분이 하루에도 몇 번씩 오락가락하는 날들도 있고 그렇잖아요. 저희 남편 말로는 뭘 해주려다가 괜히 귀찮아 할까봐 무서워서 못할 때도 있다고 하더라구요. ㅎㅎ 그럴 때는 남편에게 구체적으로 도움을 청해보세요. 남자들은 말을 안 해주면 모른대요. '일주일에 한 번 드라이브' '잠자기 전 동화책 읽어주기' '정기검진 함께 가기' '주말 저녁엔 태교 마사지해주기' 등 남편과 함께 의논하며 계획을 짜보는 것도 방법이랍니다. 참고로 많이많이 시키세요. 이때가 기회랍니다.^^

2. 스스로 필터링하기

처음 임신을 하면 불안함 때문에 진통이나 부정적인 돌발 상황에 대해 검색하게 되는 경우가 많아요. 또 주변 사람들에게 그런 질문들을 하게 되고요. 그래서 필터링이 필요하답니다. 부정적인 검색어나 최악의 상상들은 스스로 필터링을 하고 되도록 긍정적인 단어나 아기를 낳고 난 후 행복했던 이야기들을 찾아 들어보세요. 물론 아예 주의 사항을 숙지하지 말란 이야기는 아니에요. 하지만 인터넷이나 주위에서 떠도는 괴소문 말고 전문가의 서적이나 의사 선생님과의 상담을 통해 숙지하는 것이 좋은 방법이라고 생각해요. 나에게 올 사랑스러운 내 아기의 모습을 행복하게 그리면 출산의 그 날이 얼마나 행복하게 다가오는지 몰라요. 저는 하루하루를 설레는 마음으로 '오늘은 또 무얼 하면서 기다릴까'하면서 태교, 옷 정리, 방 정리, 청소, 초음파사진 정리, 육아 일기 꾸미기, 아기용품 구경 등을 하면서 보내고 있어요.

3. 생산적인 작업에 몰두하기

임신 중이라고 해서 무조건 가만히 누워있어야 하는 것은 아니지요. 격렬한 운동이나 지나치게 활동적인 일은 어렵겠지만, 어학공부나 손 공예 등 했을 때 뿌듯함을 느낄 수 있는 생산적인 작업에 몰두해보세요. 저 또한 마사지와 요가를 공부하면서 정말 큰 뿌듯함을 느꼈답니다.

Chapter1. 마사지 일기
베이비 마사지&요가를 준비해보아요.

★ 이 챕터를 통해 새롭게 알게 된 점

★ 베이비 마사지&요가를 위해 지금 준비해야 할 것

★ 아기와의 소중한 순간 기록하기

Chapter 2

엄마가 만들어 주는 우리 아기의 소중한 몸,
베이비 마사지

베이비 마사지를 통해 아기들은 부모와 교감하면서 정서적 안정감을 갖게 되고 집중력도 향상됩니다. 또 면역력을 증진시켜 주고 몸의 긴장을 풀어주어 혈액순환을 원활하게 해주죠. 순환을 통해 모든 소화기관과 내장기관들이 튼튼해져요. 마사지는 성장통을 예방해주고 아기가 바르고 건강하게 쑥쑥 성장할 수 있도록 도와줍니다.

기분 좋은 스킨십은 스트레스 완화에도 좋아요. 엄마와 아기에게 마사지 시간을 항상 기분 좋고 행복하게 보낼 수 있는 둘만의 시간으로 만들어 보세요. 마사지를 하면서 간질 간질, 쓱쓱, 꾹꾹, 꼭꼭, 조물조물 등 재미있는 의성어, 의태어를 같이 말하면서 해주는 거예요. 아기가 더 좋아할 거예요.

"지아야~ 이제 엄마랑 마사지하는 시간이에요~ 우리 지아 귀여운 똥배 마사지할 거예요. 쓱쓱~ 쓱쓱~ 엄마 손은 약손~ 이제 지아 응가 쑥~쑥 잘 나올 거예요~ 기분 좋지? 엄마두~~"

지아 이야기

저는 항상 마사지하면서 대화를 많이 했어요. 마사지의 시작과 끝도 항상 알려주고 어느 부분을 마사지할 건지, 이렇게 하면 어디에 좋은지 모두 알려 주었어요.

마사지의 시작

1. 준비물이 다 갖춰져 있는지, 아기의 컨디션이 괜찮은지 한 번 더 확인해 주세요.

2. 아기가 놀라지 않게 가벼운 스트레칭과 함께 시작 전에 아기에게 표현해 주세요. "지아야~ 엄마가 우리 예쁜 지아에게 마사지를 해줄 거예요."

3. 오일을 손에 묻혀 체온으로 손과 오일이 따뜻해질 수 있도록 양손을 마찰시켜 주세요.

4. 심장에 무리가 가지 않도록 순서를 지켜주세요.

    발, 다리 → 복부 → 가슴 → 팔, 손 → 얼굴 → 등.

5. 항상 아기의 눈을 보며 대화하면서 기분 좋게 마사지를 진행합니다.

6. 아기의 눈빛, 표정, 몸 이곳저곳의 상태를 잘 관찰합니다.

마사지의 끝

마사지의 시작과 마찬가지로 마무리할 때도 항상 끝을 알려주고 아기가 기분 좋고 편안한 시간이었다고 느낄 수 있도록 해줍니다. 엄마와 아기와 사랑이 커지고 엄마의 스트레칭에 도움을 줍니다.

1. 엄마는 허리를 쭉 펴고 다리를 벌리고 앉은 상태로 아기를 눕혀놓으세요.
2. 허리를 숙여 아기의 이마에 "뽀뽀쪽"이라고 말하며 뽀뽀를 하고 다시 제자리로 돌아옵니다. 다시 허리를 숙여 아기의 입술에도 뽀뽀를 해줍니다. 이런 방법으로 가슴, 배꼽, 양손과 양발에도 뽀뽀를 해줍니다.
3. 마지막으로 아기를 들어 올려 꼭~ 끌어안아 "○○아 사랑해. 고마워."라고 말해줍니다.

Tip

유연성이 부족하여 두 다리를 벌리기 어려운 엄마들은 변형 자세를 해도 좋아요.
가부좌 자세 또는 한쪽 다리씩 번갈아가며 구부려서 편한 자세로 합니다.

우리 몸의 모든 기관이 모여 있는
'팔, 손 마사지'

팔과 손 마사지는 팔을 구성하는 근육의 긴장을 풀어주어 팔이 곧고 길게 자랄 수 있도록 도와주며 손바닥을 자극해 소화기관과 내장기관들을 튼튼하게 하고 손 근육이 잘 발달할 수 있도록 도움을 줍니다.

가늘고 긴 예쁜 팔 마사지

인지 능력이 향상되면서 팔을 많이 움직이게 되는데 팔 마사지를 통해 어깨, 팔꿈치, 손목 관절에도 영향을 주며 팔을 유연하고 곧게 만들어 줍니다. 겨드랑이는 노폐물이 쌓이는 곳이기 때문에 마사지를 해주어 배출시켜 줍니다.

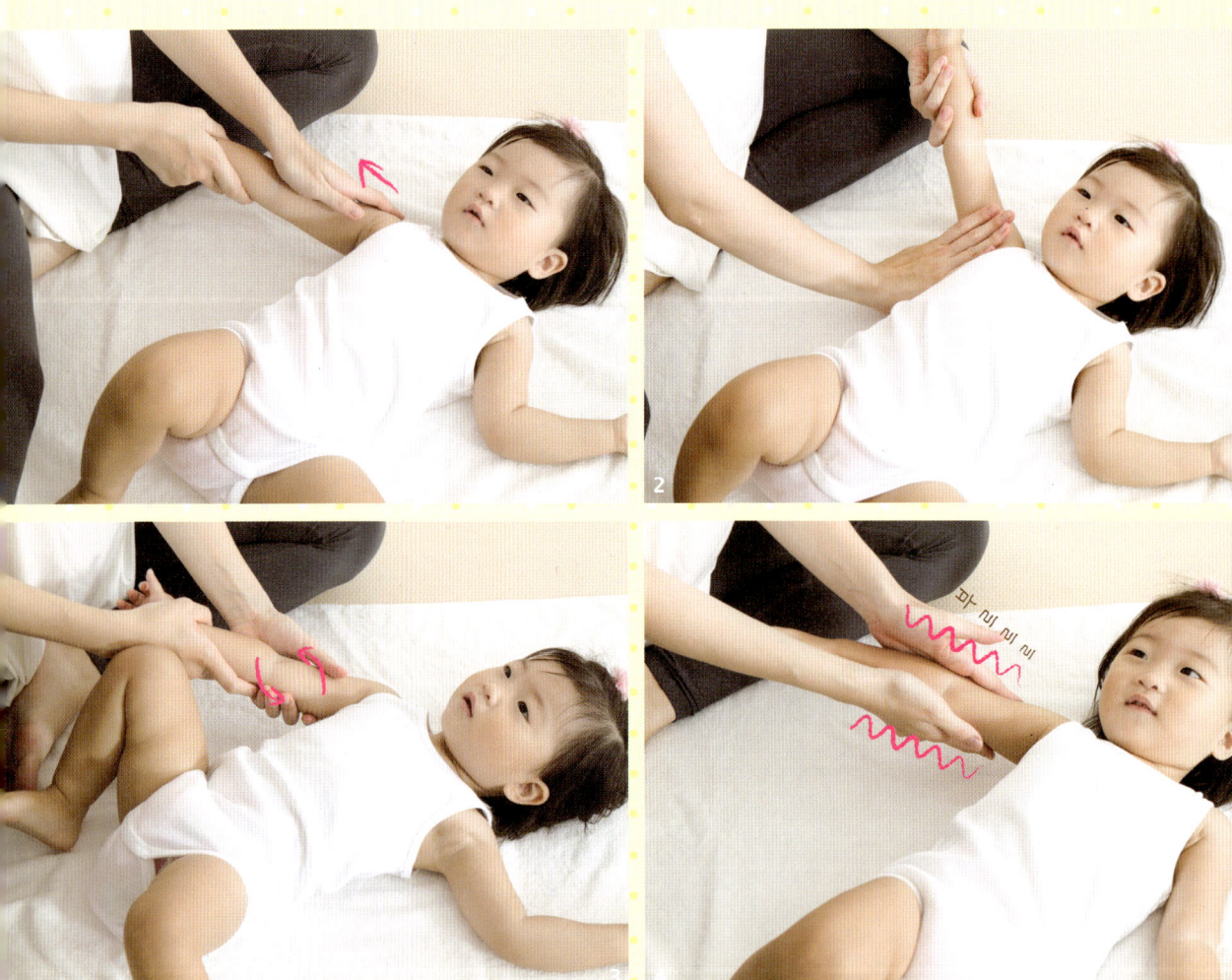

1. 한 손으로 손목 위 팔 부분을 살짝 잡고, 반대 손으로 손목부터 어깨의 견갑골까지 감싸 쓸어 내려옵니다. 3~4회 반복.
2. 겨드랑이를 쓸어주듯 마사지합니다. 2~3회 반복.
3. 팔뚝(어깨와 팔꿈치 사이와 팔꿈치와 손목 사이 팔의 살이 있는 부분)을 손이 헛돈다는 느낌으로 가볍게 트위스트 마사지를 해주어 내려옵니다. 이때 관절 부분은 하지 않아요. 2회 정도.
4. 마무리로 겨드랑이부터 손목 윗부분까지 흔들어 털어 줍니다.

지아 이야기

지아는 마무리 동작인 4번 동작을 가장 좋아해요. 부르르르~ 털어줄 때 간지러운지, 개운한지 깔깔대며 웃는 모습에 저까지 기분이 좋아지더라구요.

★ 주의 ★ 마사지를 할 때에는 꼭 오일을 충분히 발라야 살이 쓸리지 않아서 아기가 아파하지 않아요. 관절 부분은 마사지가 강하게 들어가지 않도록 주의합니다. 손가락 끝에 힘이 들어가면 압이 강해져서 아기의 피부가 빨개지거나 아파할 수 있으므로 꼭 힘을 빼야 해요. 손바닥과 손가락의 힘으로만 마사지를 합니다.

두뇌 발달에 좋은 손 마사지

손과 손가락 마사지는 손 근육 발달에 영향을 주기 때문에 두뇌 발달에 아주 좋아요.

1. 두 손으로 가볍게 손목과 손등을 받치고 손의 시작 부분인 수근(손목과 손바닥의 경계 부분)에서부터 엄지손가락을 번갈아가면서 손가락 방향으로 쓸어줍니다. 6~8회.
2. 이 상태에서 수근부터 손가락 방향으로 손바닥을 엄지손가락으로 지압해 줍니다. 2~3회.
3. 아기의 손을 가볍게 잡은 뒤 엄지손가락부터 차례대로 약간 힘을 주어 위아래 양옆의 손가락 전체를 주물러 줍니다. 1번씩.
4. 마무리로 팔뚝부터 손가락까지 긴장이 풀어지게 쓸어 줍니다. 2~3회.

Tip
아기가 손을 빨거나 입에 넣을 시기가 되어서 우려된다면 오일 없이 가볍게 마사지 해주어도 돼요. 아니면 먹을 수 있는 식물성 오일을 사용하는 것도 좋은 방법입니다.

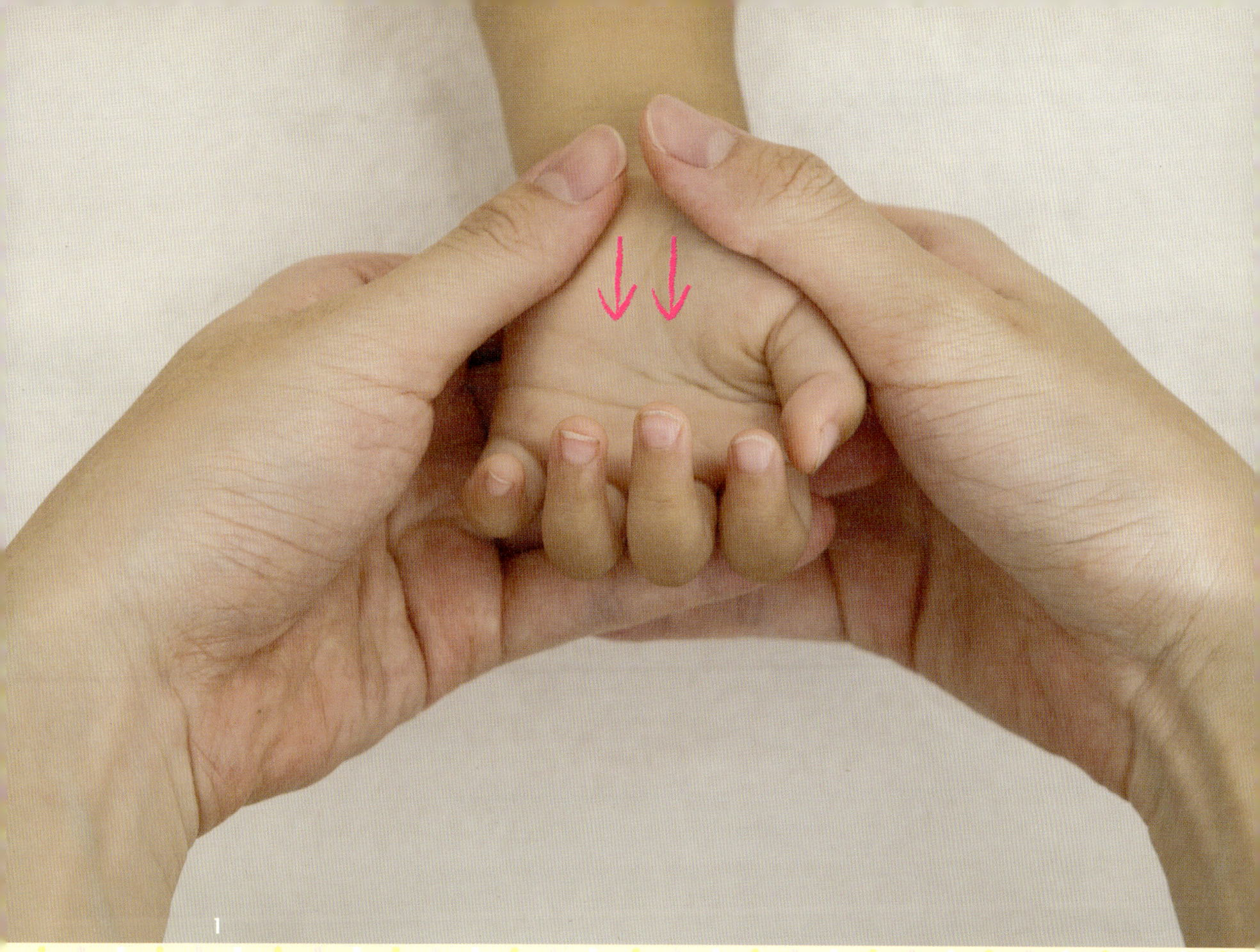

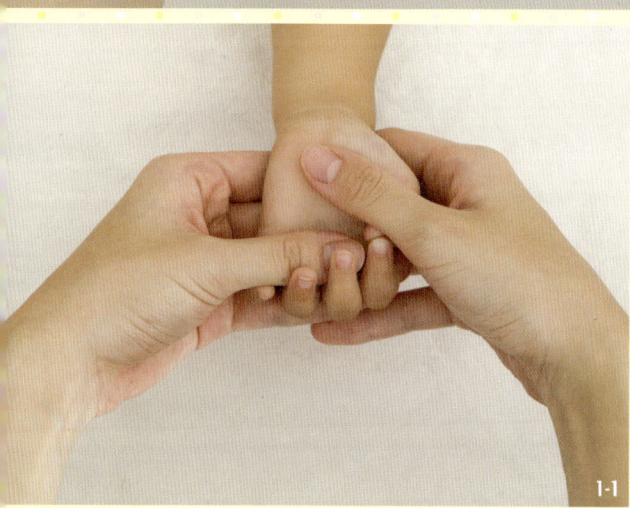
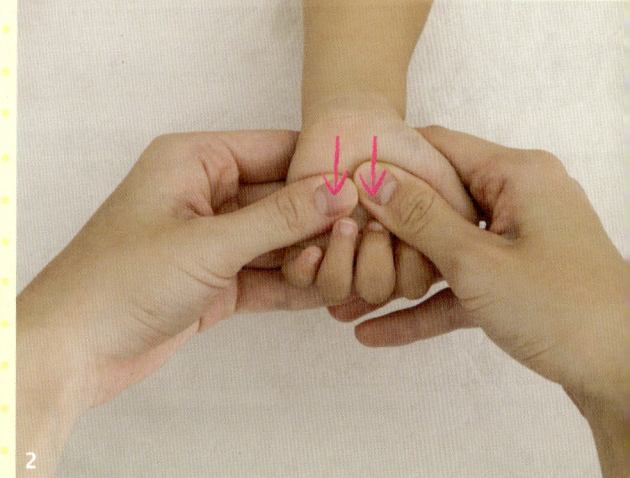

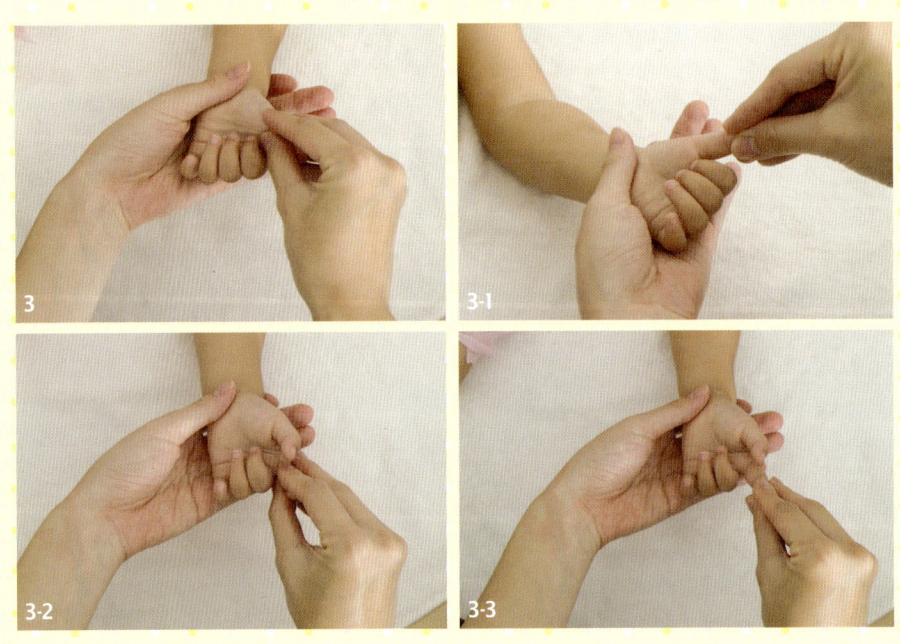

★ 주의 ★ 손가락뼈가 상할 수 있으니 손가락을 돌리거나 마디 부분에는 너무 세게 하지 않아요. 손가락을 오므리고 있다면 억지로 펴지 않아요. 손목을 너무 꽉 잡지 않도록 주의해야 합니다.

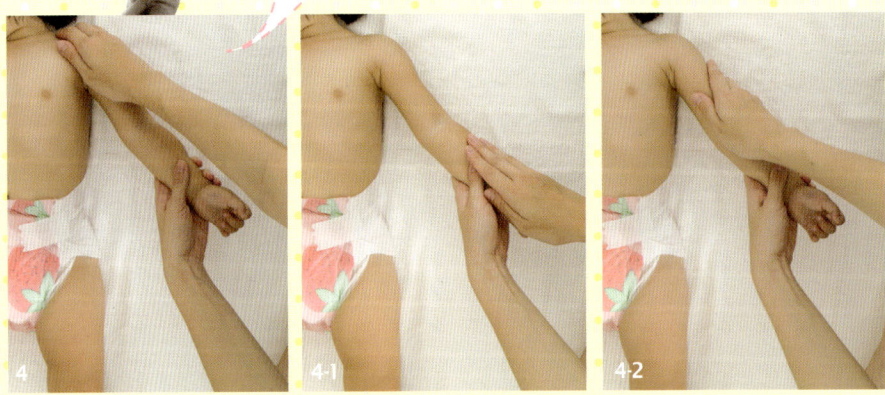

길고 곧게 뻗은 '다리, 발 마사지'

아직 다리를 사용하지 못하는 아기들에게 마사지로 하여금 혈액 순환이 원활히 되도록 도움을 주고 허벅지와 종아리 근육에 뭉쳐 있는 근육들의 긴장을 풀어 줍니다.

다리가 길어지는 다리 마사지

성장통을 예방하고 성장판을 자극해 다리가 곧고 길어질 수 있도록 해줍니다. 무릎 뒤 접히는 오금 부분도 겨드랑이처럼 노폐물을 배출시켜 주는 역할을 하기 때문에 다리도 마사지로 순환시켜 주면 노폐물 배출에 좋아요.

1. 한손으로 종아리 아래 부분을 받쳐 잡고, 반대 손으로 발목부터 엉덩이까지 쓸어 올라갔다 내려왔다를 반복합니다. 2~3회.
2. 허벅지와 종아리를 손이 헛돈다는 느낌으로 가볍게 트위스트 해주며 내려옵니다. 이 때 관절 부분은 하지 않고 스치듯 지나갑니다. 2~3회.

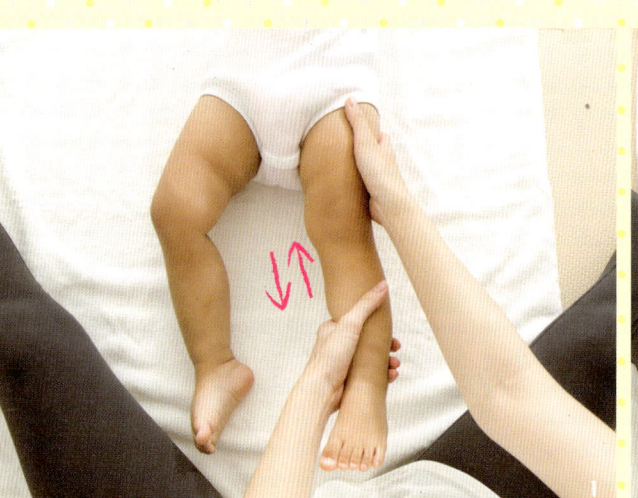
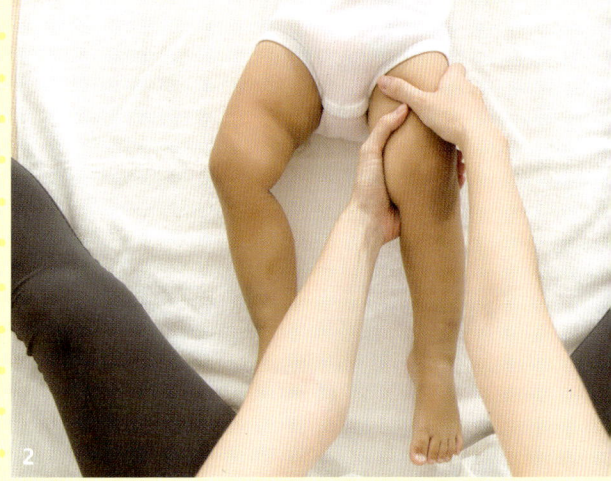

❋ **주의** ❋ 마사지를 할 때에는 꼭 오일을 충분히 발라야 살이 쓸리지 않아서 아기가 아파하지 않아요. 관절 부분은 마사지가 강하게 들어가지 않도록 주의합니다. 손가락 끝에 힘이 들어가면 압이 강해져서 아기의 피부가 빨개지거나 아파할 수 있으므로 꼭 힘을 빼야 해요. 손바닥과 손가락의 힘으로만 마사지를 합니다.

3. 양손으로 허벅지부터 가볍게 털어주면서 내려옵니다. 2~3회.

4. 마무리로 가볍게 다리를 쓸어 주어 나쁜 기운을 내보내 줍니다. 2~3회.

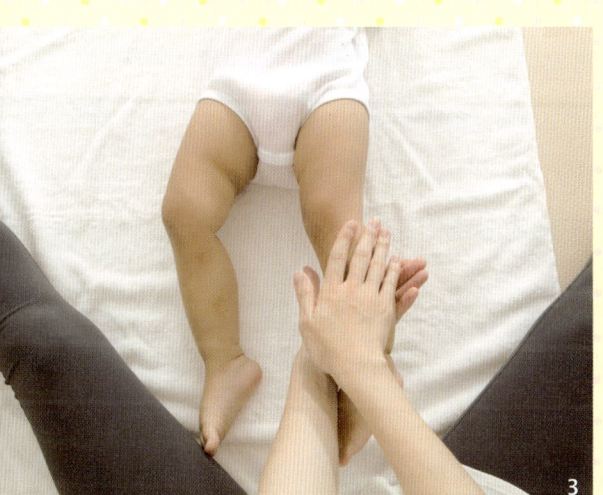
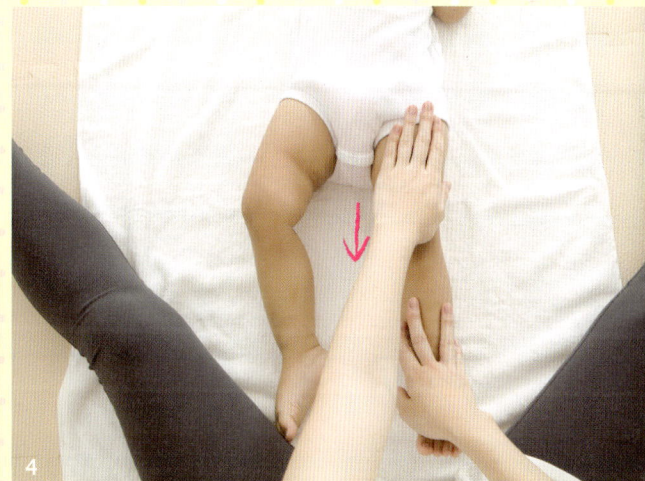

제2의 심장 발 마사지

제2의 심장이라고도 불리는 발은 오장육부(오장: 간장, 심장, 비장, 폐장, 신장/ 육부: 대장, 소장, 담낭, 위, 삼초, 방광)와 연결되어 있어 마사지를 해주면 오장육부가 튼튼해지는 데 도움을 줍니다. 꾸준히 발 마사지를 해주면 스트레스를 완화시켜 주고 안정감을 주어 숙면에 도움을 줍니다.

1. 발목과 발뒤꿈치 부분을 양손으로 받치고, 엄지손가락으로 발목의 중앙부터 복숭아뼈를 지나 발뒤꿈치까지 동글동글 원을 그리면서 가볍게 마사지해 줍니다.(관절은 약하므로 압을 주지 않고 오일을 바른다는 느낌정도로만 해줍니다) 1~2회.
2. 그 상태로 엄지손가락으로 발가락에서 발목 방향으로 가볍게 쓸어 줍니다. 4~6회.
3. 양손으로 검지와 중지 사이에 발목을 가볍게 끼고 엄지손가락으로 발뒤꿈치부터 발가락 방향으로 꾹꾹 눌러줍니다. 2~3회.
4. 한 손으로 발을 들어 받치고, 반대 손으로 엄지발가락부터 차례대로 약간 힘을 주어 위아래 양옆의 발가락 전체를 주물러 줍니다. 1번씩.
5. 마무리 동작으로 아기의 발을 감싸 쥐고 주물러 줍니다.

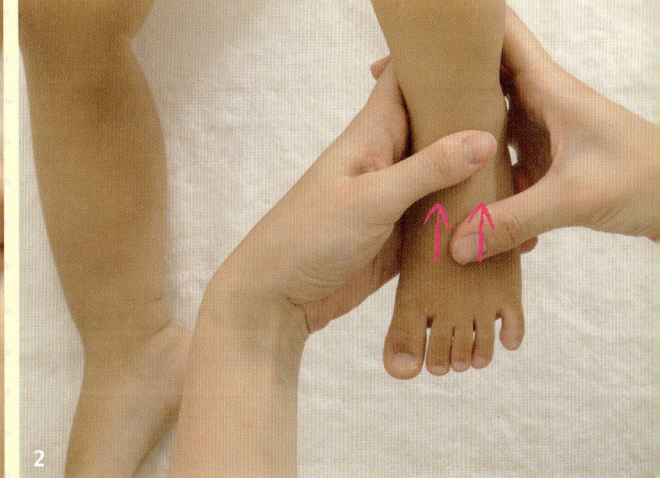

Tip

엄지발가락 : 두뇌 발달과 집중력 향상

검지, 중지 발가락 : 시력에 도움

약지, 소지 발가락 : 청력에 도움

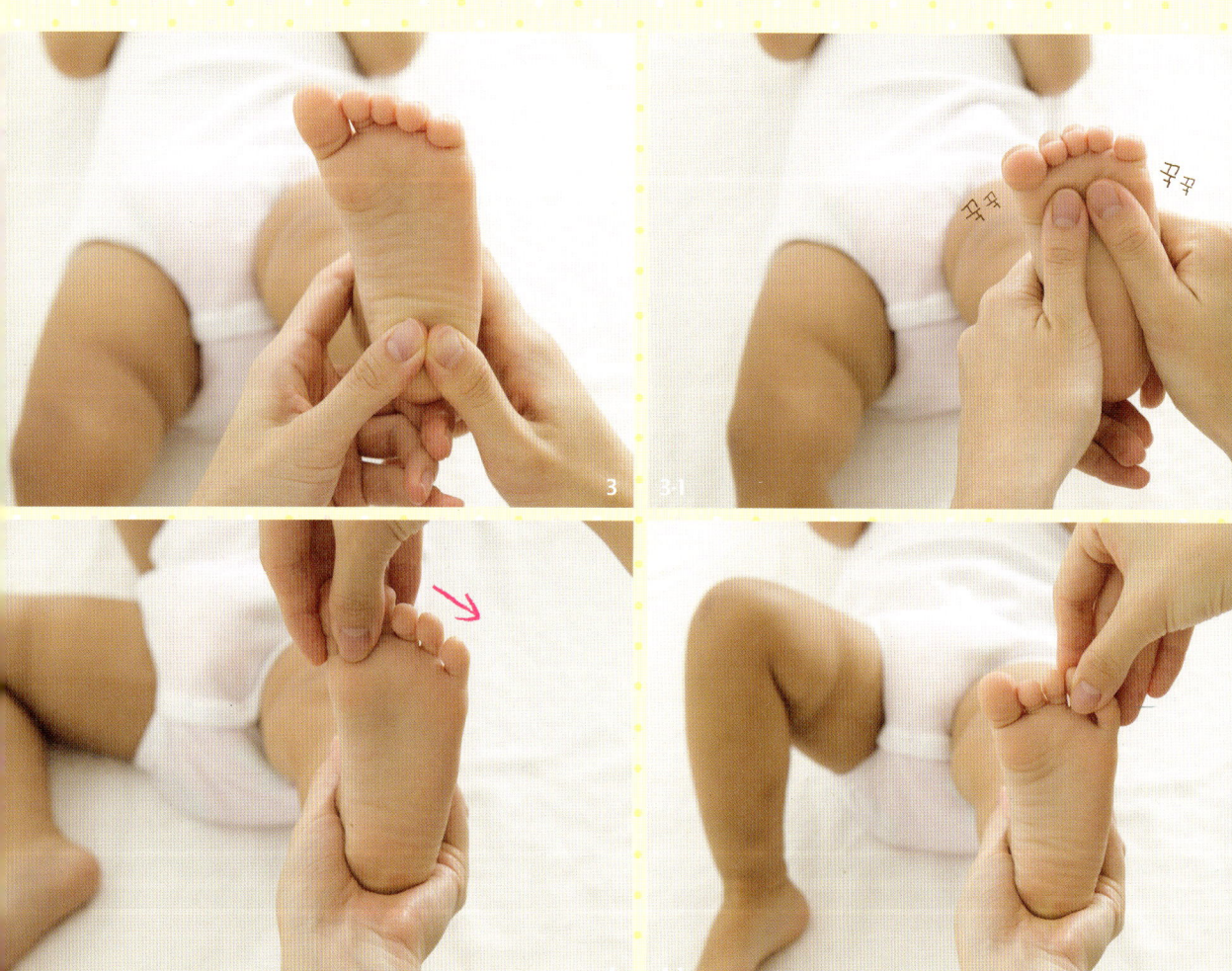

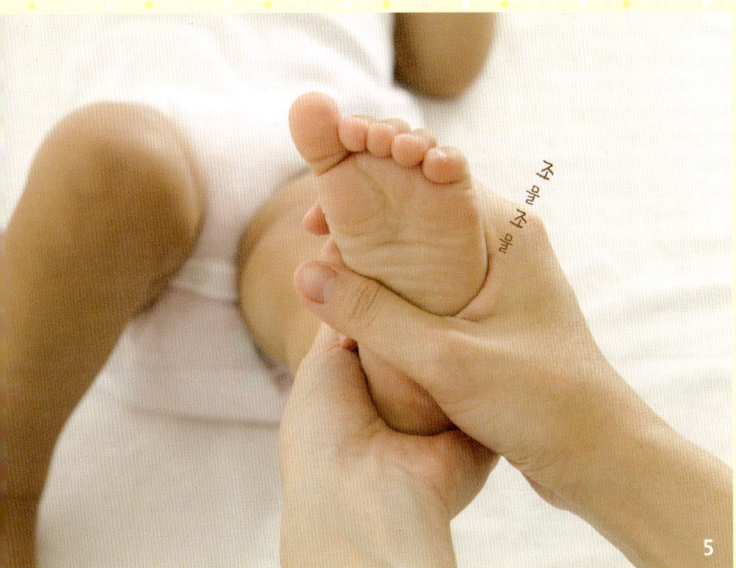
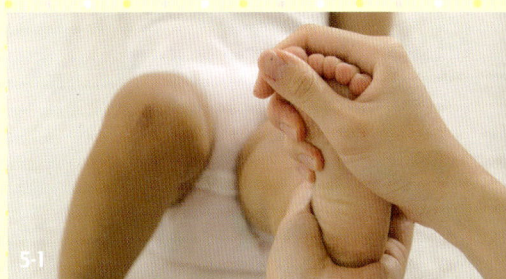
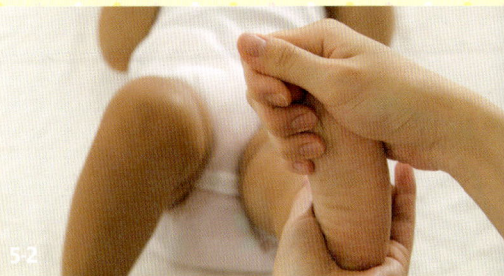

> **지아 이야기**
>
> 발바닥과 발가락은 간지러운지 어찌나 꼼지락꼼지락 대던지 작은 발가락을 꼬물꼬물 거릴 때는 정말 귀엽고 사랑스러워요. 발 마사지 하면서 발바닥에 뽀뽀를 얼마나 많이 했는지 몰라요.
>
> ★ **주의** ★ 관절에 항상 유의하며 접혀 있는 발가락은 억지로 펴지 않아요. 발바닥을 지압할 때 손끝이나 손톱으로 하지 않아요. 엄지손가락의 지문 부분으로 합니다.

소화가 편해야 해요 '배 마사지'

성인들도 속이 불편하고 화장실을 못 가는 것만큼 괴로운 일이 없죠. 아기들도 마찬가지예요. 속이 편해야 컨디션이 좋아 잘 놀고, 잘 먹고, 잘 자고 아기가 칭얼대거나 보채는 일도 줄어듭니다. 특히 소화 기능이 미숙한 생후 4개월 이하의 아기들에게 생기는 영아 산통은 이유나 원인이 명확하게 정해져 있지는 않지만 흔하게 발생하는 복통입니다. 주로 밤에 나타나는데 느닷없이 울고 몇 시간씩 달래지지 않아 엄마와 아기 모두 고생이죠. 영아 산통 역시 복부 마사지로 예방할 수 있어요.

물레방아 복부 마사지

방법이 쉽고 가장 편하게 할 수 있는 방법이에요. 배앓이와 설사할 때 도움이 되고 복부를 편안하게 해줍니다.

1. 아기의 기저귀를 벗기고 늑골 아래 지점부터 생식기 바로 윗부분까지 손바닥으로 쓸어 줍니다. 처음에는 2-3분씩해주고 익숙해지면 5분 이내로 해주시면 됩니다.

Tip 영아 산통 예방에 좋은 마사지 방법이에요. 동작도 쉽고 압이 강하지 않아 아기에게 무리가 없어요. 주로 밤에 나타나는 영아 산통을 예방하기 위해 4~5시쯤 매일 꾸준히 해주세요. 아직은 소화기관이 미숙한 아기들의 장운동에 도움을 주어 가스와 노폐물이 잘 배출될 거예요.

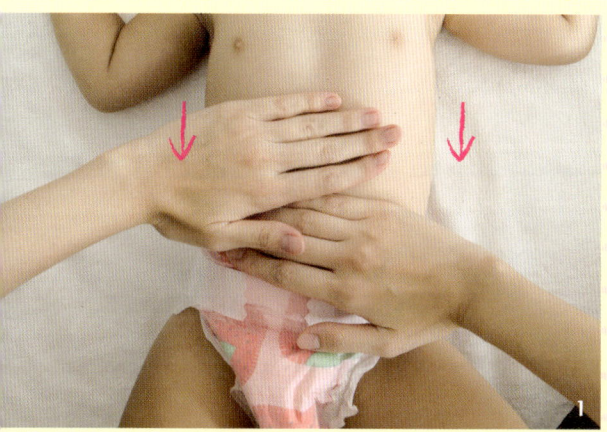 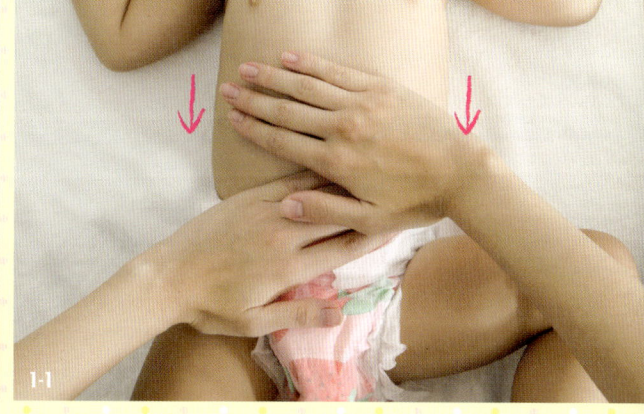

지아 이야기
지아도 꾸준히 마사지해 주었던 결과 덕분인지 영아 산통 없이 잘 지나갔어요.

✱ 주의 ✱ 손바닥으로 누르거나 압을 주는 것이 아니고 가볍게 쓸어 줍니다.

해와 달 복부 마사지

노폐물을 빼주는 데 도움을 주는 마사지 방법으로 변비가 있는 아기들에게 좋아요. 변비 예방에도 좋아요.

1. 오른손은 해님이 되어 시계 방향으로 계속 움직입니다.
2. 왼손은 달님이 되어 7시 방향(아기의 골반부터) → 1시 방향(아기의 늑골까지)으로 가볍게 쓸어주며 올라갑니다.
3. 두 손이 동시에 교차하며 연결되도록 마사지를 반복해 줍니다. 처음에는 2~3분씩 해주고, 적응이 되면 10분, 20분씩 늘려 갈 수 있어요.

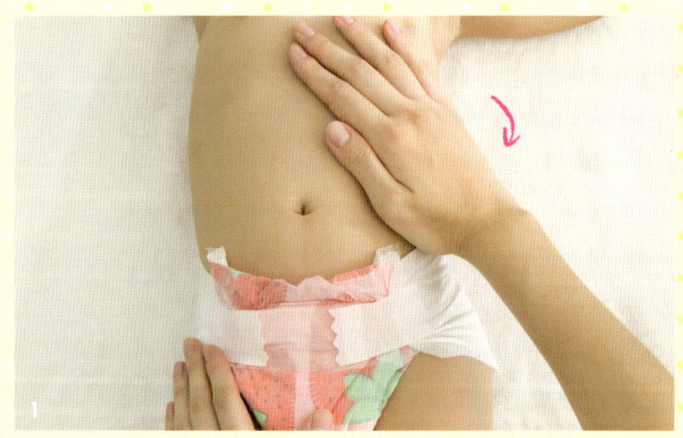

Tip 우리의 장은 시계방향으로 운동하는데 이 동작은 변비가 있는 아기들의 장 속에 쌓여 있던 노폐물을 달님이 위로 끌어 올려주면 해님이 빼내어 주는 식으로 도움을 줍니다.

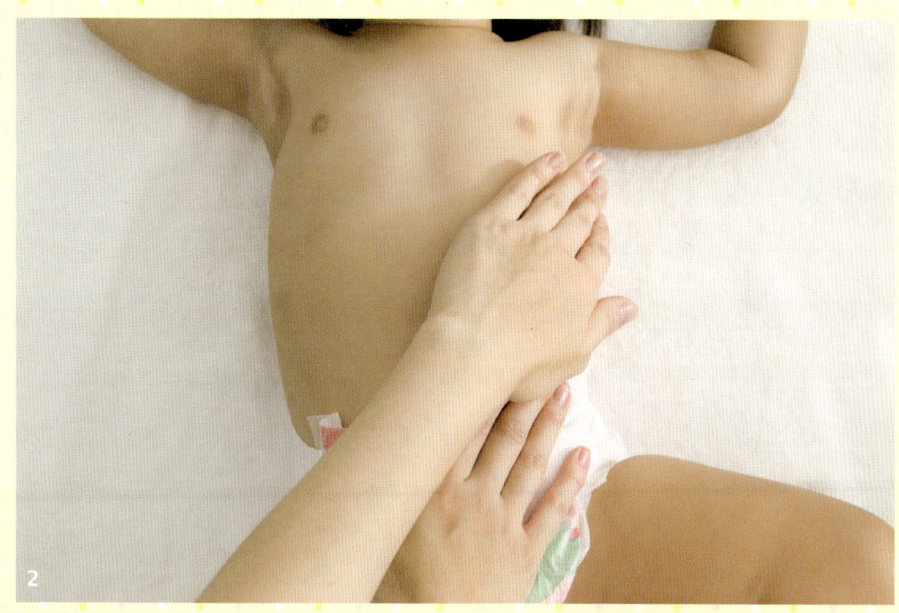

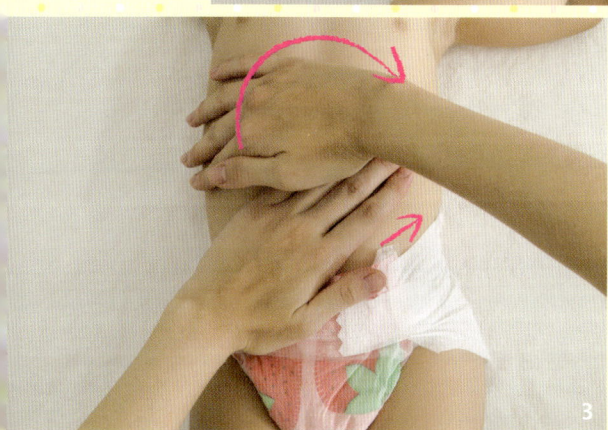
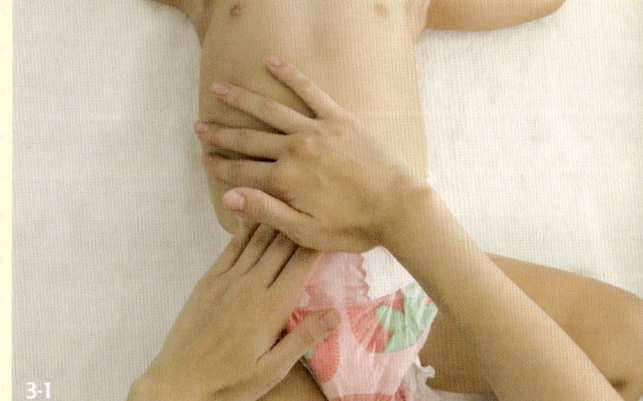

★ 주의 ★ 복부를 누르거나 압박을 하지 않고 부드럽게 쓸어 준다는 느낌으로 합니다.

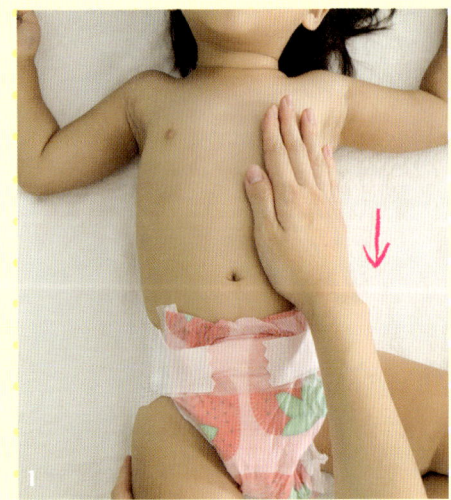 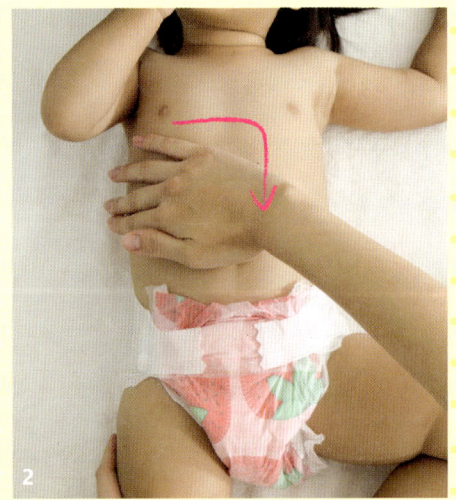

아이 러브L 유U 복부 마사지

변비에 가장 좋아 많이 알려져 있는 마사지 방법이에요. 이름도 '아이 러브 유♡' 정말 예쁘죠? 아기를 사랑하는 마음을 담아서 아이 러브 유~라고 말해 주면서 마사지해 주세요. 엄마의 기분 좋은 기운과 정성이 손에 담겨 우리 아기들 응가가 쭉쭉 나올 거예요.

1. 오른손으로 아기 왼쪽 부분의 배꼽과 옆구리의 중간을 위에서 아래 방향으로 'I자'를 그려 쓸어 줍니다.
2. 오른쪽 늑골 아래부터 → 왼쪽 늑골 아래를 지나 → 왼쪽 골반까지 배꼽을 중심에 두고 ㄱ자(알파벳L의 거꾸로)를 그려 쓸어 주세요.

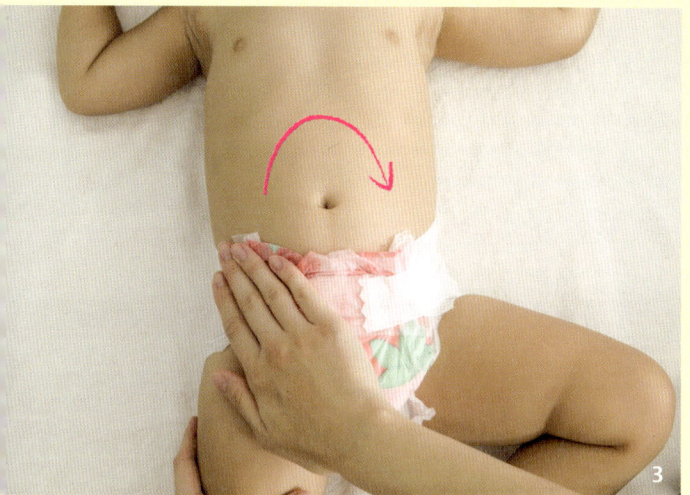
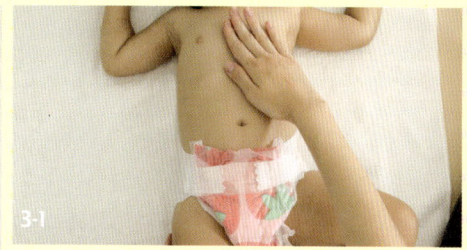
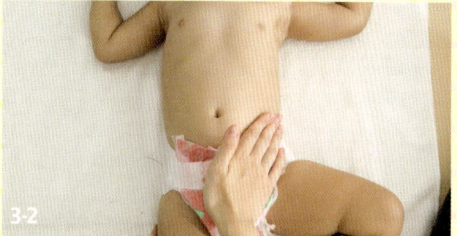

3. 역시 배꼽을 중심으로 두고 오른쪽 골반부터 왼쪽 골반까지 'U자'를 엎어 놓은 모양으로 쓸어 줍니다. 처음에는 2~3분씩 해주고, 적응이 되면 10분, 20분씩 늘려 갈 수 있어요.

Tip 마사지는 손의 흐름이 끊기지 않고 부드럽게 연결되는 것이 기본입니다. 1, 2, 3번의 동작들을 딱딱 끊는 게 아니고 자연스럽게 연결이 되도록 쓸어 마사지해 주세요.

＊주의＊ 정확히 콕콕 집어서 하는 지압이나 혈을 잡는 것이 아니기 때문에 압을 준다거나 아이러브유를 반드시 그릴 필요는 없어요. 장운동이 돌아가는 방향이기 때문에 유연하게 순환할 수 있도록 연결된 동작으로 부드럽게 마사지해 줍니다.

손가락피아노 복부마사지

장에 자극을 주어 노폐물이 순환하여 배출되는 데 도움을 줍니다. 변비 예방에 좋아요. 동작도 재미있고 정말 간단하답니다.

1. 배꼽 주위를 손가락으로 피아노 치듯이 도레미파 도레미파~ 두드려 줍니다.

＊ 주의 ＊

손톱이나 손가락 끝으로 누르면 아기가 아파요. 손가락의 지문 쪽으로 가볍게 누르며 마사지해 줍니다.

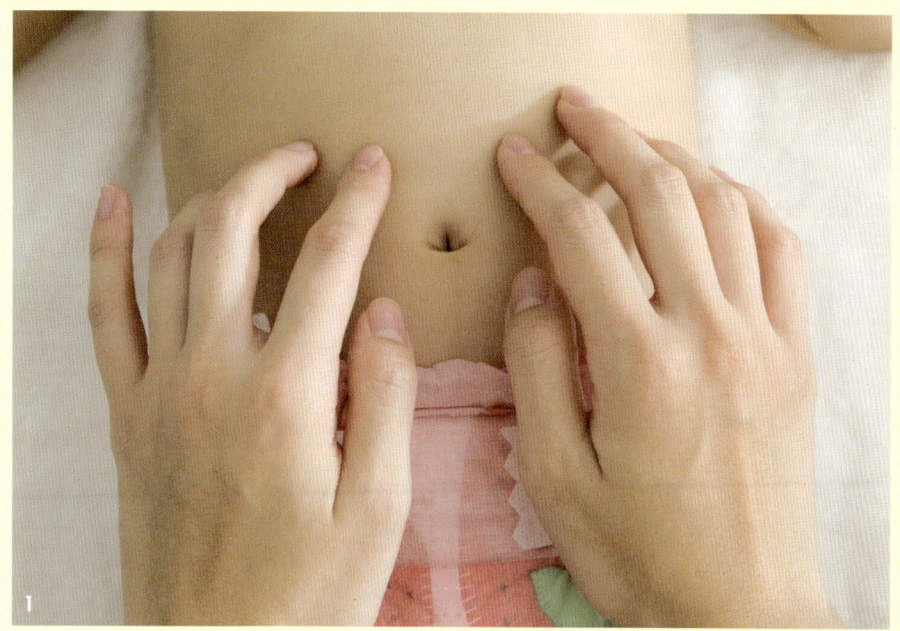

1

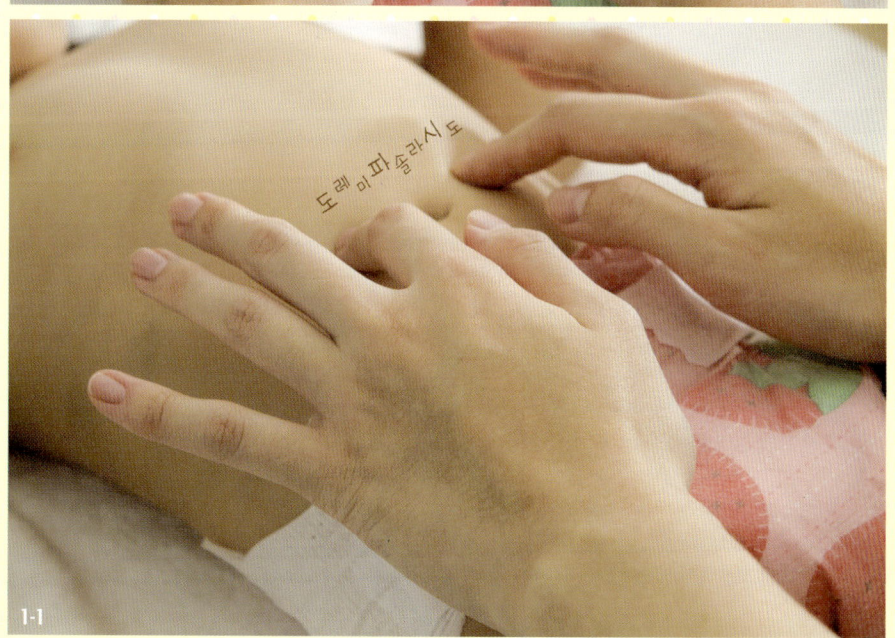

도 레 미 파 솔 라 시 도

1-1

면역력을 키워줘요
'가슴 마사지'

가슴 마사지는 호흡기 계통에 자극을 주어 폐와 심장의 기능을 도와줘요. 면역력 증진에 아주 좋아요. 정서적으로 안정감을 주어 불안감을 해소시켜 줍니다.

하트마사지

호흡기관을 튼튼하게 해주고 하트라는 이름처럼 정서적으로 안정감을 주어서 불안감을 해소시켜 줄 수 있는 마사지입니다. 심장과 폐의 기능을 강화시켜 주어 기침, 가래, 천식 증상을 완화시키는 데 도움을 줍니다.

1. 손끝이 아닌 손가락 마디 부분으로 아기의 양쪽 젖꼭지의 중심 부분부터 시작해 → 어깨 → 겨드랑이를 지나 다시 원점으로 돌아오며 하트 모양을 그려줍니다. 4~5회.

★ 주의 ★ 가슴 마사지를 할 때는 갈비뼈가 다치지 않도록 힘을 빼고 가볍게 해줍니다.

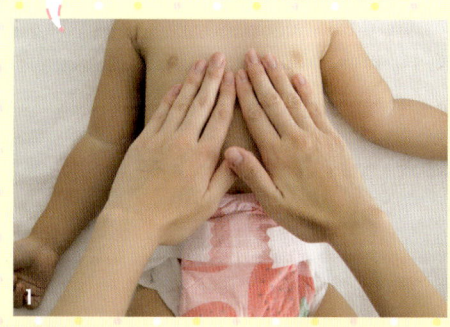

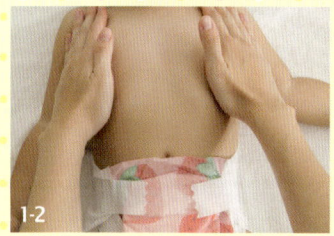
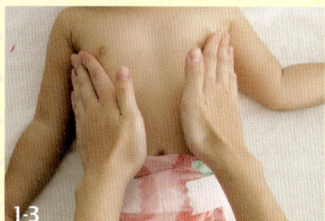
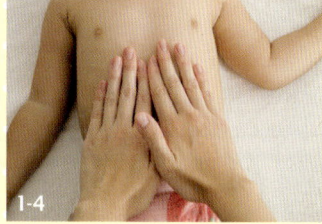

면역력을 키워 주는 가슴 마사지

몸의 순환을 도와주어 열기를 식혀 주고 면역력을 강화하는 데 도움을 주는 방법입니다.

1. 오른쪽 옆구리에서부터 → 대각선으로 방향으로 반대쪽 어깨를 지나 → 겨드랑이로 노폐물을 빼주고 다시 제자리로 돌아옵니다.
2. 반대 손으로 반대쪽도 같은 방법으로 번갈아 가며 해줍니다. 4~5회.

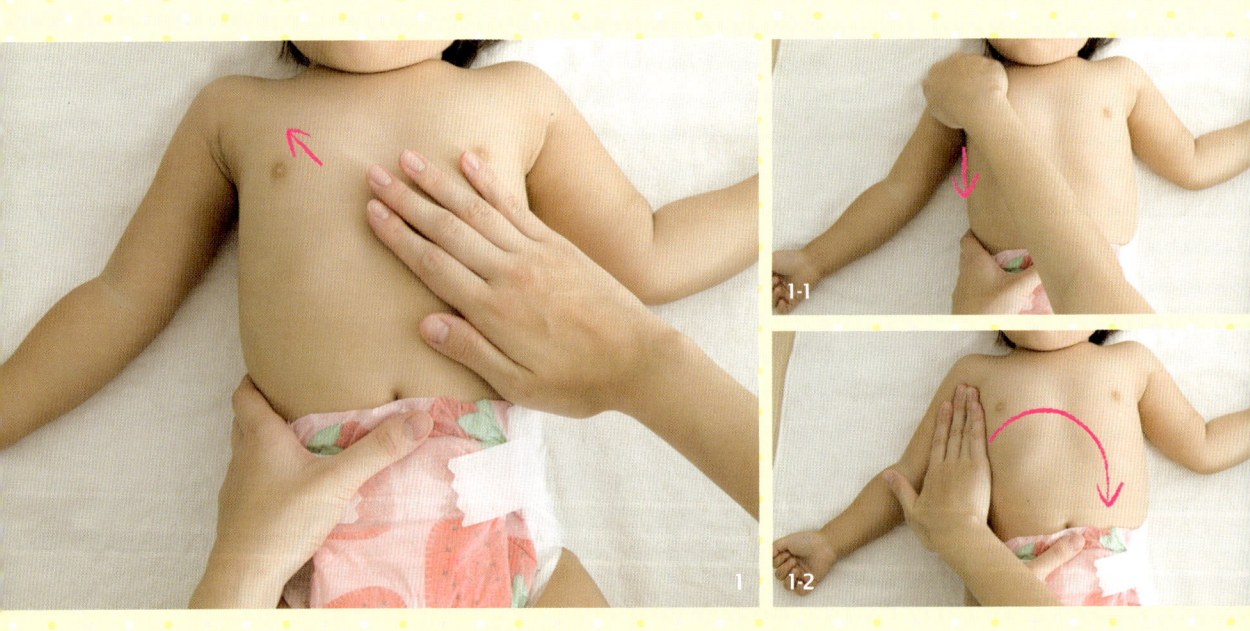

✣ 주의 ✣ 손바닥 전체로 감싸듯이 가볍게 마사지해 줍니다.

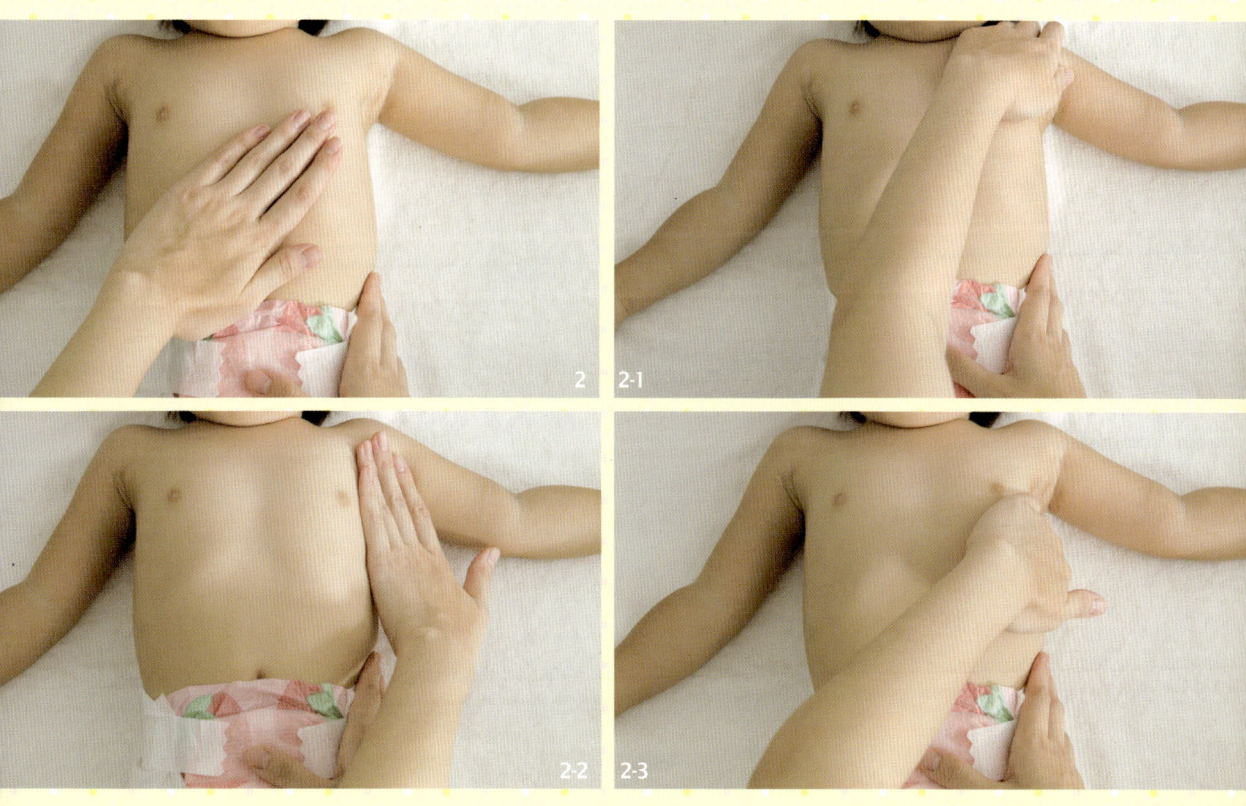

우리 몸의 중심 '등 마사지'

등 마사지는 혈액순환을 원활하게 해주어 오장육부를 튼튼하게 해주고, 우리 몸의 중심인 척추를 지지하는 근육들을 발달시켜 몸을 균형 있게 유지시켜 주어 우리 아기가 바른 자세를 가질 수 있도록 도와줍니다.

숙면에 도움을 주는 등 마사지

아기가 잘 자는 건 잘 먹는 것만큼 중요해요. 잘 자야 잘 먹고, 잘 놀고 엄마도 컨디션이 좋아져 아기를 잘 봐주기 때문이에요. 엄마와 아기가 모두 행복해지는 숙면 등 마사지로 기분 좋게 숙면하세요.

1. 마사지 시작 전에 워밍업으로 가볍게 어깨부터 엉덩이까지 쓸어내려 줍니다. 3~4회.

2. 양손을 가로로 하고 어깨부터 골반까지 감싸주며 쓸어 내려옵니다. 2~3회.

3. 양손을 세로로 나란히 두고 허리부터 어깨까지 올라가서 어깨를 살짝 주무른 후 견갑골을 지나 다시 허리로 내려옵니다. 2~3회.

4. 마무리로 손바닥으로 등 전체를 가볍게 쓸듯이 위에서 아래 방향으로 털어 줍니다. 3~4회.

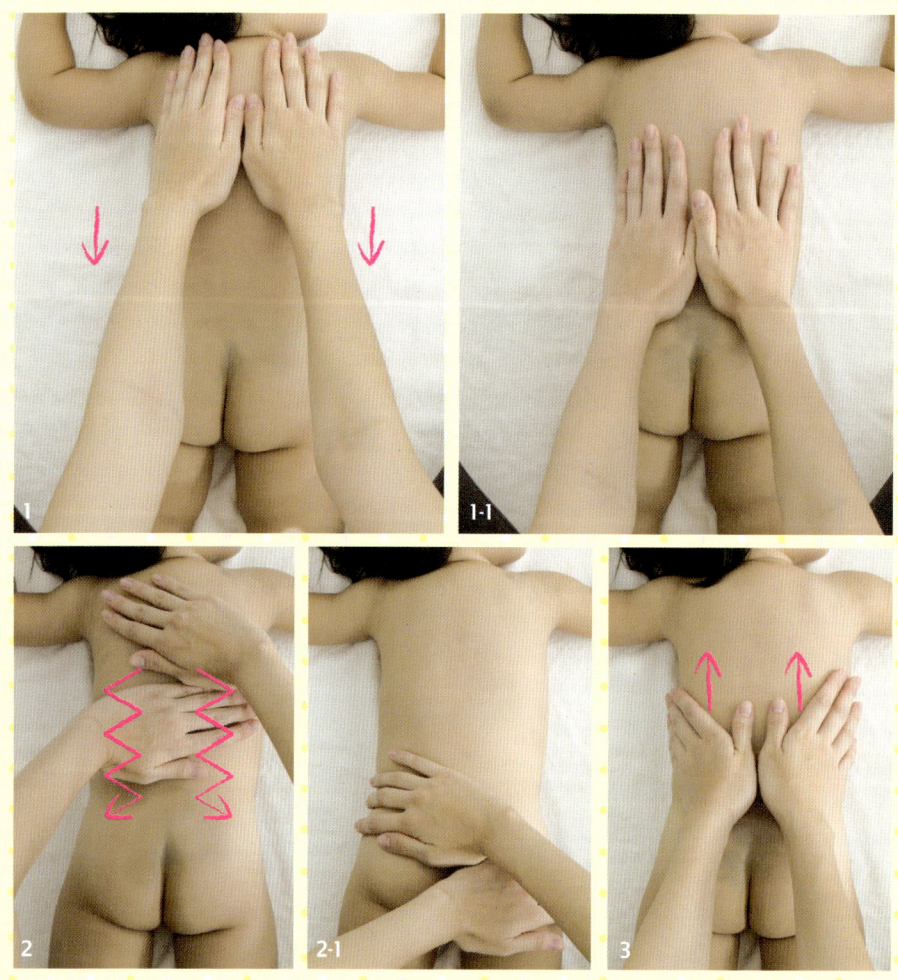

Tip 혈액순환을 원활하게 해주어 몸의 긴장을 해소시켜 주고 등에 뭉쳐 있던 근육들을 이완시켜 주면서 편안해지기 때문에 숙면을 취할 수 있도록 도와줍니다. 잘 엎드려 있지 않는 아기들은 엄마 다리에 걸치거나 어깨에 걸쳐 안아서 해주는 방법도 좋아요.

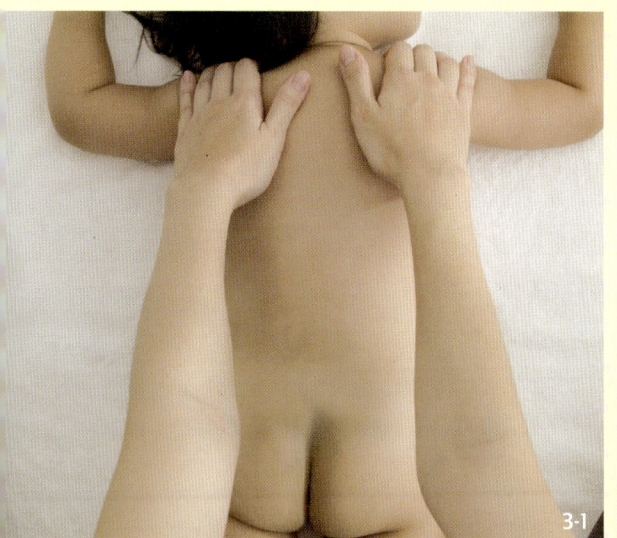
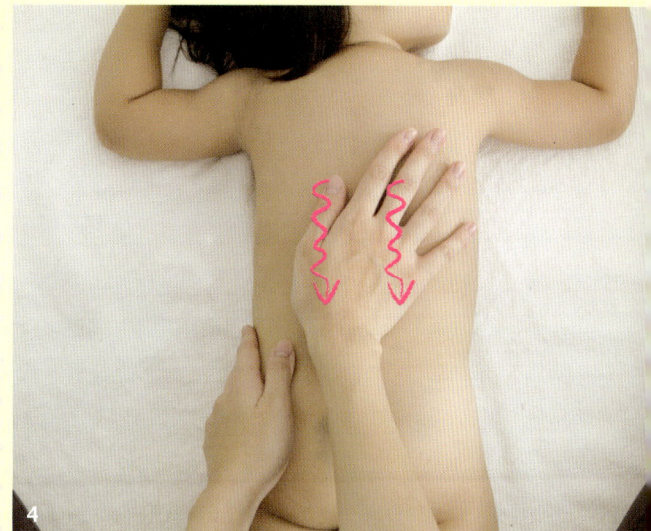

> **지아 이야기**
>
> 아기를 재울 때 등을 토닥이거나 만져 주면 잠이 들잖아요. 지아도 이 등 마사지 5분에 매일매일 숙면을 취했답니다.

엉덩이가 예뻐지는 엉덩이 마사지

엉덩이는 아기가 기어 다니거나 걷기 전부터도 많이 사용합니다. 그만큼 근육이 많이 긴장되어 있는 곳 중에 하나죠. 엉덩이 마사지는 외적으로 엉덩이를 탱탱하게 만들어주고, 내적으로는 고관절을 유연하게 해주어 근육을 이완시켜 움직임이 편안해질 수 있도록 해줍니다. 골반을 풀어주어 성장통을 예방해 주는 데도 도움이 됩니다.

1. 엉덩이를 가볍게 위아래로 왔다 갔다 쓸어주어 근육을 이완시켜 줍니다. 5~6회.
2. 골반 아래쪽 엉덩이의 바깥 부분을 손바닥으로 감싸 안에서 바깥쪽으로 돌려줍니다(엉덩이 근육을 이완시켜 주기 때문에 항문을 열어주어 변비에 좋아요). 반대로 바깥에서 안쪽으로 돌려주는 마사지 방법도 있어요(엉덩이 근육을 수축시켜 주기 때문에 설사하는 아기들에게 좋아요). 4~5회.
3. 엉덩이를 토닥토닥 두드리며 긴장을 풀어줍니다. 10회.
4. 마무리로 어깨부터 발끝까지 쓸어내려 주며 다리 부분은 살짝 주무른다는 느낌으로 조물조물 해줍니다. 2~3회.

Tip 아기들이 생각보다 엉덩이 근육을 많이 써요. 엉덩이의 뭉쳐 있는 근육을 풀어주어야 아기가 편안해 해요. 골반이 척추만큼 몸의 중심을 지켜주는 정말정말 중요한 역할을 합니다. 엉덩이 마사지로 유연하게 해줘야 몸이 편안해집니다.

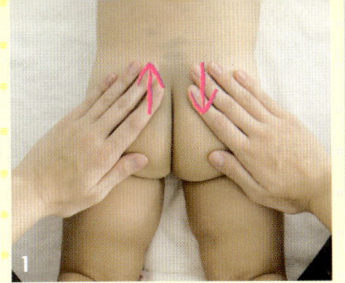
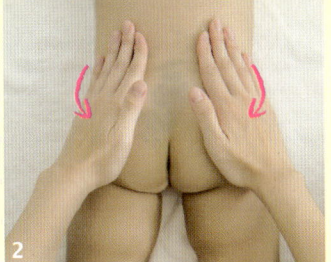
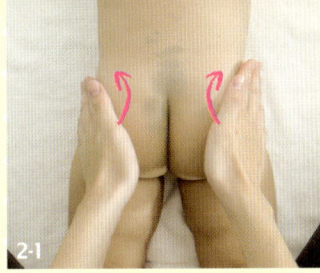

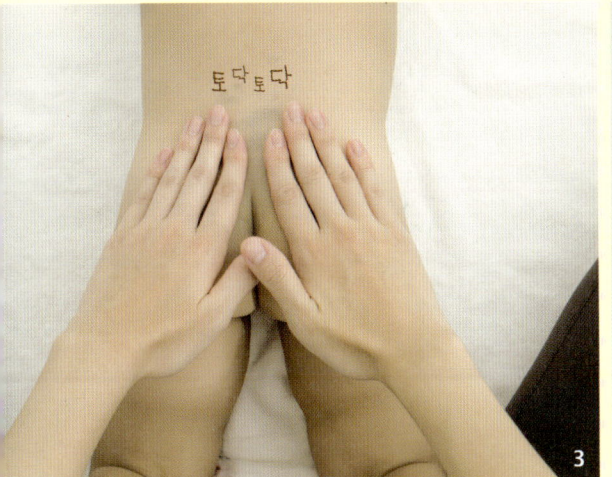
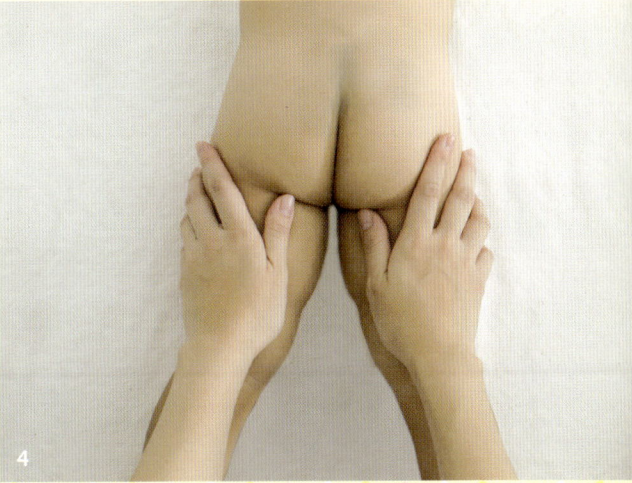

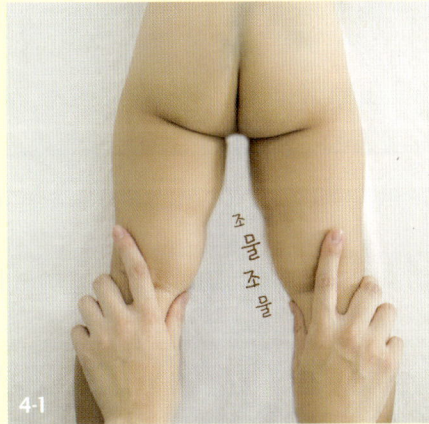

> ✽ **주의** ✽ 등 마사지는 아기가 엎드려 있는 상태로 하기 때문에 아직 머리를 가누지 못하는 아기는 머리의 방향을 양옆으로 잘 돌려주어 호흡을 원활하게 해줍니다. 압이 강하게 들어가면 아기가 눌려서 호흡곤란이 올 수도 있어요. 척추에 무리가 가지 않도록 부드럽게 해주세요.

매력적이고 라인이 예쁜 '얼굴 마사지'

예쁜 얼굴은 건강한 몸만큼이나 정말 중요하고 엄마들이 원하는 거죠. 물론 엄마에게는 내 딸, 내 아들만큼 예쁜 아기는 없을 거예요. 얼굴에는 생각보다 많은 신경과 근육이 많아요. 얼굴 마사지를 해주면 얼굴 근육을 이완시키고 혈액순환을 하는 데 도움이 됩니다.

베이비 얼짱 되는 얼굴 마사지

얼굴 마사지는 얼굴의 윤곽과 이목구비를 뚜렷하게 해줄 뿐만 아니라 해열작용에 도움을 주고 혈액순환도 원활하게 하여 얼굴에 생기를 줍니다.

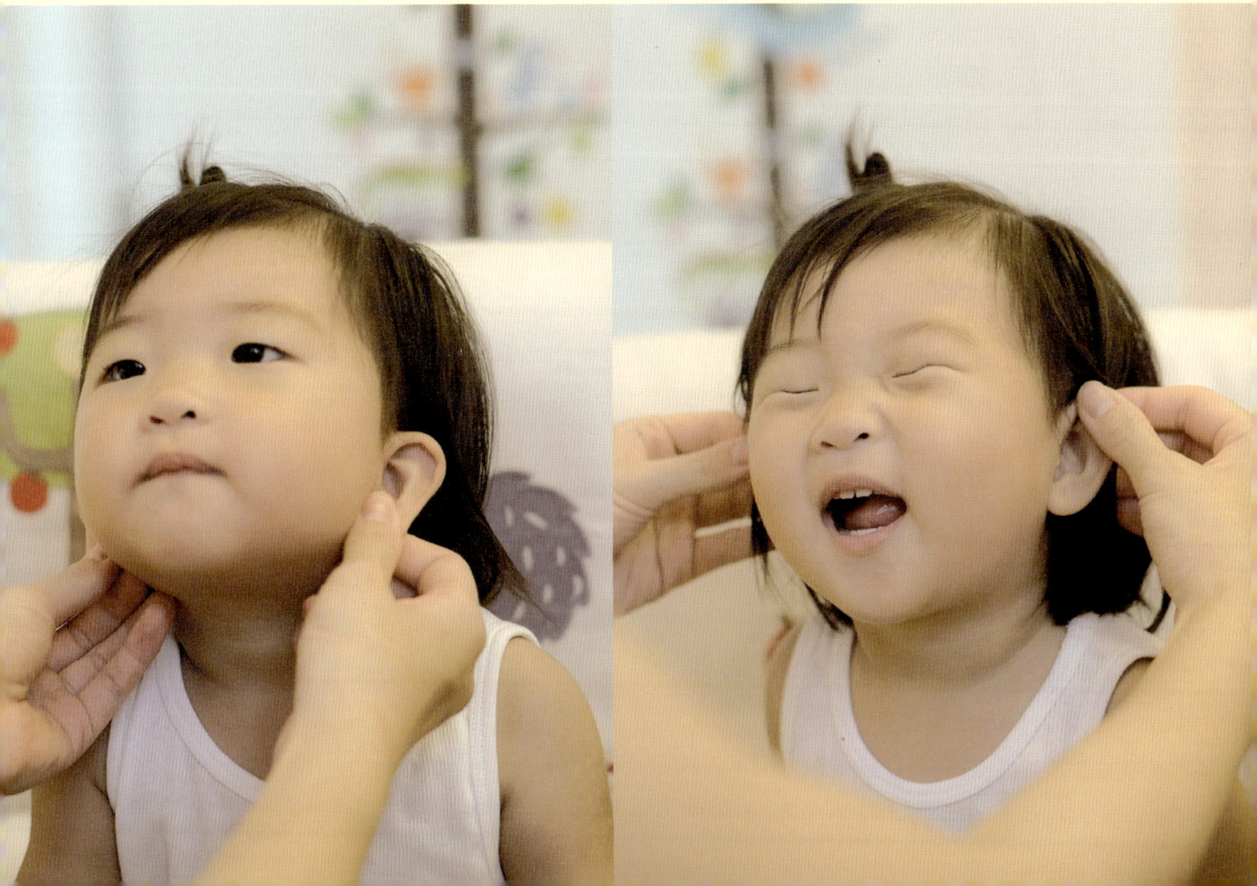

얼굴 윤곽

헤어라인을 중심으로 턱 아래까지 쓸어 모아줍니다. → '아~ 예쁘다'라고 말해 주세요. V라인 얼굴이 될 거에요. 1~2회.

예쁜 눈썹

양손으로 머리를 가볍게 잡고 양 엄지로 눈썹 위부터 이마를 교차하며 위로 올립니다. 3~4회.

같은 위치에서 눈썹의 시작부터 눈썹이 끝나는 지점까지 양엄지로 동시에 쓸어줍니다. 3~4회.

Tip 눈썹 마사지는 눈썹에 길을 들여 예쁜 눈썹과 예쁜 눈매를 만들어줍니다.

오똑코

검지로 콧볼 옆부터 콧대가 시작하는 부분까지 압을 주지 않고 살살 올라갔다 내려갔다 반복합니다. 3~4회

Tip 코 마사지는 축농증과 비염이 있는 아기들에게 코 막힘을 해소하는 데 도움을 줄 수 있고, 콧속 노폐물을 제거하는 데 도움을 줍니다.

스마일 입

양손의 엄지와 검지로 입술라인을 중심으로 입꼬리를 쓸어 올려줍니다. 입꼬리 부분에서 2~3초 정도 잠시 멈춰줍니다. 3~4회

Tip 입 마사지는 입꼬리를 올려주는 데 도움을 되며 예쁜 입모양과 웃는 모습이 예뻐지는 얼굴을 만들어 줍니다.

볼터치 손가락으로 볼을 피아노 치듯이 가볍게 두드려 줍니다.

Tip 볼 마사지는 혈액순환을 원활하게 해주어 얼굴에 생기가 돌게 해줍니다.

복이 오는 귀

"당나귀 귀~"라고 말하며 귀 윗부분을 올려주고(다리가 튼튼해져요), "원숭이 귀~"라고 말하며 귀 라인부분을 잡고 당겨주고(척주가 튼튼해져요), "코끼리 귀~"라고 말하며 귓불을 아래로 내려줍니다(두뇌발달에 좋아요). 마무리로 귀를 위부터 귓불까지 동글동글 만져주며 내려옵니다. 1~2회.

Tip 귀는 호흡기, 소화기, 두뇌와 모두 연결되어 있어 귀 마사지를 해주면 오장육부가 튼튼해져 신진대사가 활발해집니다.

마무리

손바닥으로 머리카락을 귀 뒤로 넘겨준다는 느낌으로 목까지 쓸어 내려옵니다. 맨 처음에 했던 얼굴윤곽 동작을 마지막으로 마무리해 줍니다.

Tip 다른 마사지처럼 오일로 하게 되면 눈이나 입으로 흘러 들어갈 염려가 있으니 로션이나 크림, 밤 제품을 사용하는 것도 좋아요.

얼굴 마사지는 특히 겨울철에 꾸준히 하면 보습효과도 있어서 더 좋아요. 찬바람으로 건조해지고 거칠어진 예쁜 우리 아가들의 얼굴을 예쁘고 촉촉하게 관리해 주세요. ^^

> **★ 주의 ★** 얼굴 마사지는 손을 항상 청결하게 하고 손톱이 길면 아기 얼굴에 상처를 입힐 수 있으므로 꼭 유의해 주세요.
>
> 눈 주위를 할 때는 아기의 눈이 찔리지 않도록 조심해 주세요. 귀 마사지는 중이염이 있을 때는 절대 하지 마세요. 6개월 미만의 아기들은 외이도염이 생길 우려가 있으므로 6개월 이후에 해주는 것이 좋아요.
>
> 얼굴 마사지는 세수 후나 목욕 후 로션을 발라주는 시간을 이용해주시면 따로 시간 내서 하지 않아도 되고 꾸준히 규칙적으로 아기의 피부 관리를 해줄 수 있어서 좋아요.

지아맘 스토리

친구 같은 엄마가
되고 싶다면

지아는 정말 고맙게도 마사지도 잘 받아주었고 지금까지도 매일 저와 함께 요가를 하면서 뿌듯해 하고 재미있어해요. 어떨 때는 시키지도 않았는데 제 앞에 와서는 재롱부리듯 요가 동작을 해요. 관심받고 싶고 칭찬받고 싶다는 뜻이죠. 제가 집안일을 하거나 티비를 보거나 남편과 대화하고 있으면 혼자 놀던 지아가 심심해지거나 지루하다고 표현하러 오는 거예요. 아직 말도 잘 못 하는 지아가 불쑥 제 앞에 와서는 느닷없이 요가를 하죠.

'엄마 나 어때요? 대단하죠?'

이런 초롱초롱한 눈빛으로 절 보면서 제 반응을 잔뜩 기대하죠. 그럼 저는 난리가 나요. 박수를 치고 목소리 톤도 높이고 오버 액션을 해가며 진심으로 칭찬해줘요.

"우와~ 정말 대단해! 우리 지아, 요가 정말 잘한다. 최고야! 대단해~ 우와 진짜 멋있다!"

그러면 정말 귀엽게도 낑낑대면서 그 동작을 유지하려고 엄청나게 애쓰죠. 이런 사랑스럽고 귀여움이 폭발하는 내 새끼의 모습이 하루하루 저에게 주는 행복감이 얼마나 큰지 이루 말로 다 표현할 수 없어요. 엄마랑 했던 동작들을 기억해 혼자 해내는 것도

기특하고 '아 나와 내 딸이 교감하고 있구나'이런 느낌을 온몸으로 받을 때는 정말 감동적이에요.

그리고 신체적으로도 지아는 아직 아기지만 비율이 정말 좋아요. 팔 다리도 길쭉길쭉하고 순하고 활발하고 정말 중요한 건 잔병치레로 마음고생 시킨 일이 손에 꼽을 정도예요. 정말 고맙고 감사하죠. 엄마들의 최고 바람은 그거잖아요. 내 새끼 안 아프고 건강하게 바르게 자라주는 거, 그게 최고잖아요. 그런 면에서 지아는 완전 효녀예요. 아직까지는요.ㅎㅎ(저희 엄마가 그러시더라구요. 5살까지는 원래 효녀라고.ㅎㅎ)

앞으로 지아가 초등학교에 가고 중학교에 가더라도 매일 아침을 마사지로 깨워주고, 공부에 지치는 사춘기 때가 되면 딸과 함께 요가 하면서 정신 건강을 지켜주려고 마음먹고 있어요. 늘 스킨십으로 교감하고 감싸줄 거예요.

저는 정말 장담해요. 스킨십은 신뢰와 사랑을 쌓을 수 있는 가장 완벽한 수단이에요. 베이비 마사지로 아낌없이 사랑해주세요.

지아맘's Tip!

스킨십을 통해
아기와 교감하세요

말을 제대로 하지 못하는 아기들로서는 울음과 행동 하나하나가 말을 대신할 수밖에 없는데요. 때문에 자주 눈을 맞춰주고 스킨십을 해주는 것이 아기와의 교감에 정말 큰 도움이 된답니다. 그런데 가끔은 아기가 무엇을 원하는지 몰라 난감할 때가 많지요? 아기의 행동에 따른 표현을 몇 가지 팁으로 알려드릴게요.

1. 엄마의 머리를 당기거나 목을 만질 때
꼭 안아달라는 아기의 표현이라고 해요. 이럴 땐, 아기와 눈을 맞춰주고 꼭 끌어안아 주세요.

2. 엄마의 무릎으로 달려들 때
안심하고 싶은 마음의 표현이에요. 이때 역시 안정감을 느낄 수 있게 꼭 안아주세요.

3. 아기가 음식을 먹으면서 먼 곳을 바라볼 때
지금 씹고 있는 음식을 다 먹은 후, 다른 음식을 달라는 표현이래요. 기다렸다가 아기가 음식을 다 먹고 난 후에 음식을 주세요.

4. 반복적으로 어떤 동작을 할 때

어딘가에 가고 싶다는 표현이에요. 여건이 된다면 밖에 나가 가벼운 산책을 해보세요.

5. 발을 강하게 찰 때

뭔가를 발견했다는 표현이에요. 아기가 어떤 것에 집중하고 있는지 잘 살펴주세요.

6. 자신의 장난감이나 물건을 손에 쥐여줄 때

어떻게 사용하는지 알려달라는 표현이라고 해요. 사용법을 설명해주며 함께 놀아주면 아기가 정말 행복해하겠죠?

Chapter2. 마사지 일기
우리 아기와의 소중한 순간을 기록해보세요.

★ 아기가 가장 좋아한 마사지

★ 아기가 가장 어려워한 마사지

★ 아기와의 소중한 순간 기록하기

Chapter 3

우리 아기에게 건강한 몸과 마음을 선물해 주는
베이비 요가

마사지를 꾸준히 해준 아기들은 요가에 대한 거부도 없고 몸이 유연해져 쉽게 동작들을 할 수 있어요. 아기마다 다르지만 목을 가눌 수 있는 시기(100일)가 지나면 대체로 가능해요. 그래도 염려되시는 엄마들은 베이비 마사지 꾸준히 해주시다가 허리에도 힘이 생기는 시기(평균적으로 6개월 이후)부터는 전혀 무리 없이 요가를 해낼 수 있답니다. 아기가 뒤집고 기어 다니면서부터는 베이비 마사지&요가를 해주는 시간이 점점 어려워지고 줄어들어요. 이때부터는 틈틈이 수시로 해줘도 무방합니다.

> **지아 이야기**
>
> 저는 기저귀를 갈아줄 때, 목욕 후에 오일, 로션을 발라줄 때는 꼭 빼먹지 않고 해주려고 노력하고 있어요. 18개월인 요새는 기저귀를 갈 때 되면 지아가 알아서 자기 발을 잡고 요가처럼 스트레칭 하는 시늉을 해요. 정말 귀여워요. 지아도 요가를 하면 몸이 개운하고 스트레칭 되는 기분이 좋은가 봐요.

요가의 시작

요가를 시작할 때에는 아기에게 시작을 알려주고 좋아하는 노래나 흥미를 느끼는 동작들을 위주로 즐겁게 즐기면서 할 수 있도록 해주는 것이 좋아요.

요가의 끝

요가의 끝에는 항상 편안한 마무리 동작으로 아기에게 잘했다고 이야기해주면서 성취감을 느낄 수 있도록 칭찬해 주세요

1. 엄마가 누운 상태로 배 위에 아기를 눕혀 엄마의 심장 소리를 들을 수 있도록 해주세요.
2. 아기와 엄마가 편안하게 릴렉스 되는 상태에서 토닥토닥 해주며 사랑이 담긴 칭찬을 해주세요. 아기가 성취감을 느끼고 요가 동작으로 인해 긴장했던 몸이 편안해지게 됩니다.

키가 쑥쑥 성장판을 자극해 주는 '성장 발달 요가'

팔 스트레칭 요가

팔과 어깨에 있는 근육들을 이완시켜 성장통을 예방해 주고 팔에 있는 성장판을 자극하기 때문에 곧고 길게 자랍니다.

1. 아기의 팔을 양쪽으로 벌린 뒤 어깨부터 손끝까지 가볍게 주물러 주며 근육들이 놀라지 않게 이완시켜 줍니다.
2. 두 팔을 좌우로 교차시켜 줍니다. 4~5회
3. 양팔을 귀 옆으로 붙여 쭉쭉 스트레칭을 시켜 줍니다.
4. 마무리로 양팔을 차려 자세로 모아주고, 어깨부터 손끝까지 가볍게 주물러 줍니다.

Tip 아기를 아침에 깨울 때 하면 좋아요. 그러면 지아도 시원한지 자기가 다리까지 쭉~ 기지개를 켠답니다.

* 주의 * 아기는 항상 관절을 주의해 주세요. 손목이 약해 인대가 늘어날 수 있으니 특히 유의하세요. 아기의 손목 윗부분을 잡아주세요.

바람 빼기 요가

비장·위장을 자극해 소화를 돕고, 대장을 자극해 변비와 설사에 도움을 줍니다. 성장판을 자극해 성장통을 예방해 줍니다.

1. 누워 있는 아기의 다리를 구부려 무릎이 배에 닿도록 해줍니다. 소화기 관들을 자극할 수 있도록 가볍게 3~4회 반동으로 눌러줍니다.
2. 같은 방법으로 무릎이 배가 아닌 옆구리에 닿을 수 있도록 스트레칭 해 줍니다.

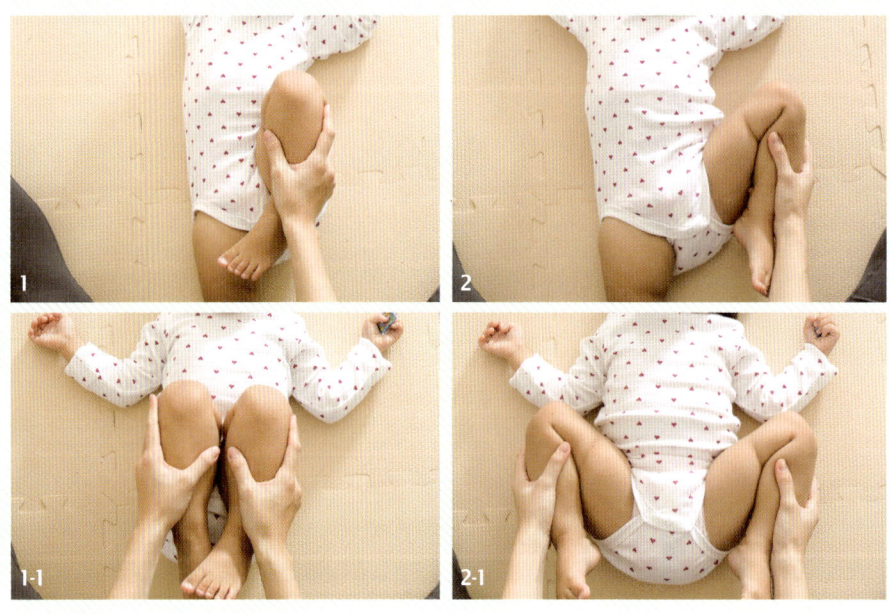

★ 주의 ★ 절대 아기의 배를 압박하지 않아요. 엄마가 앉아 있고 아기가 누워 있기 때문에 조금만 힘을 줘도 엄마의 체중이 실릴 수 있어요. 힘을 싣지 않고 통통 가볍게 튕겨 준다는 느낌으로 무릎이 배에 닿게 해주세요.

나비 자세 요가

나비 자세는 고관절을 유연하게 해주고 소화기관과 생식기 기능이 튼튼해질 수 있게 도와줍니다. 전신의 피로와 척추의 피로를 풀어줍니다.

누운 나비 자세

1. 누워 있는 아기를 발바닥끼리 붙여 발이 배 가까이에 닿게 해주세요.
2. 다리를 천천히 양쪽으로 벌려 주세요.
3. 2~3회 반복합니다.

앉은 나비 자세

★ 아기가 허리를 가눌 수 있을 때부터 해주세요

1. 엄마는 다리를 벌리고 아기와 포개지듯 앉습니다.
2. 아기를 책상다리 모양으로 앉아 발바닥끼리 붙여 주세요.
3. 이 상태로도 충분하지만 가능하다면 몸을 앞으로 구부려 주세요. 이 때 아기의 양팔은 앞으로 쭉 뻗어 줍니다.

★ 주의 ★
5초 이상 오래 버티지 않아요. 아기가 불편해한다면 무리해서 앞으로 숙이지 않아요. 아기라고 모두 유연한 건 아니에요. 꾸준히 조금씩 시도하다 보면 유연해질 수 있어요.

응용 나비 자세❶ 발바닥 박수 요가

고관절을 유연하게 해주고 박수를 치면서 혈액순환이 원활하게 도와줍니다.

1. 누워 있는 아기를 나비 자세처럼 만들어 발바닥끼리 마주 볼 수 있게 합니다.
2. 짝짝짝 발 박수를 칩니다.
3. 천천히 다리를 벌려 고관절이 유연해질 수 있도록 합니다.
4. 다시 모아 발 박수를 치고 1번부터 반복합니다.

응용 나비 자세 ❷ 발바닥 전화 요가

이 자세는 아기의 고관절을 유연하게 해줍니다.

1. 누워 있는 아기를 나비 자세처럼 만들어 주고 한 발씩 귀 쪽으로 갖다 대어 '여보세요' 합니다.
2. 다시 제자리로 돌아오고 반대쪽 발도 반복합니다.

★ 주의 ★ 아기는 항상 관절을 주의해 주세요. 발목이 약해서 인대가 늘어날 수 있으니 특히 유의해 주세요. 아기의 발목 윗부분을 잡아 주세요. 아기의 다리에 힘이 들어가 있다면 억지로 벌리거나 올리지 말아 주세요. 할 수 있는 만큼만 천천히 해주다 보면 점점 유연해질 거예요.

바른 자세와 선이 예쁜 몸을 '예쁜 몸매 요가'

뒹굴뒹굴 롤링 요가

척추 신경을 자극해 유연한 허리를 만들어 주고 오장육부를 건강하게 해줍니다.

1. 아기의 양쪽 무릎을 배 위로 모아 줍니다.
2. 왼쪽 오른쪽 뒹굴뒹굴 스트레칭 해줍니다. 5~10회 정도 반복합니다.
3. 허벅지를 잡고 엉덩이가 바닥에서 떨어지도록 머리위로 다리를 넘겨줍니다. 1~3회 정도 반복합니다.

주의 무릎으로 배를 압박하지 않습니다. 허리를 무리하게 비틀지 않아요. 다리를 넘긴 뒤 3~5초 이상 너무 오래 버티지 않아요.

척추 스트레칭 요가

몸의 순환을 도와주어 열기를 식혀 주고, 척추와 옆구리 근육의 이완을 도와줍니다. 성장판에 자극을 주어 성장 발달에 도움을 줍니다.

1. 아기의 왼쪽 다리를 오른쪽으로 넘겨주고, 왼쪽 어깨는 바닥 쪽으로 지그시 눌러 옆구리를 늘려줍니다.
2. 반대쪽도 같은 방법으로 해줍니다.

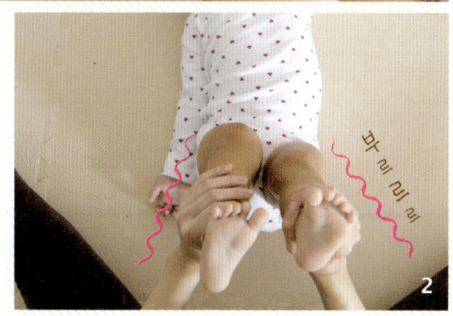

팔, 다리 스트레칭 요가

팔과 다리 근육을 이완시켜주고, 팔과 다리의 선을 길고 곧게 해줍니다. 서로 반대 방향의 손과 발을 교차시키는 전신 스트레칭으로 운동이 많이 됩니다.

1. 아기의 오른손과 왼발을 쭉 폈다가 "콩"하고 살짝 닿게 해주세요.
2. 다시 쭉 펴고 "부르르르"하며 가볍게 털어주세요.
3. 반대 방향도 같은 방법으로 합니다. 2~3회 정도 반복해주세요.

★ 주의 ★ 아기들은 손목, 발목의 관절이 약하므로 꼭 손목과 발목의 윗부분을 잡아주시고 무리하게 당기지 않습니다.

샌드위치 요가

어깨, 목, 옆구리 근육을 이완시켜 주고, 골반의 유연성의 도움을 줍니다. 신장과 방광을 자극하여 변비 완화에 도움을 줍니다. 변비가 완화된 아기에게 뽀얀 피부와 생기를 선사해 줍니다.

1. 아기와 엄마가 포개어 앉습니다.
2. 다리는 양쪽으로 넓게 벌리고, 오른팔을 귀 옆에 붙여 올려 스트레칭 후 왼쪽으로 숙여 옆구리를 늘려 줍니다.
3. 반대쪽 팔도 같은 방향으로 반복해 줍니다. 2~3회.
4. 마무리로 양팔을 뻗어 앞으로 천천히 몸을 숙여 스트레칭합니다.

※ 주의 ※
아기의 다리는 벌릴 수 있는 만큼만 벌립니다. 모든 동작은 아기가 가능한 만큼만 내려가고 5초 이상 오래 버티지 않아요. 아기가 허리를 가누어 앉을 수 있을 때 해주세요.

> 지아맘 스토리

베이비 마사지 자격증, 이렇게 땄어요

저는 결혼 전에 틈만 나면 휘트니스에 가고 요가하고 마사지 받는 걸 굉장히 좋아했어요. 직업 때문에 늘 관리를 해야 한다는 부담도 있었지만 어느새 그게 제 생활이 되고 습관이 되어버렸죠. 그런데 결혼하고 아기를 갖게 되니 그럴 시간적 여유가 없었고 몸도 따라주지 않더라구요.

그러던 중에 베이비 마사지를 알게 되었어요. 내가 좋아하는 걸 직접 내 딸에게, 내 딸과 함께할 수 있다는 게 정말 좋았어요. 항상 그 시간이 즐겁고 소중했죠. 배 마사지로 태아마사지부터 시작했다가 알콩이가 나오면서부터 본격적으로 해주었죠. 그렇게 시작했던 것이 자격증도 따게 되고 이렇게 책도 쓰게 되고 베이비 마사지는 지아와 저에게 정말 선물과도 같아요.

임신을 했을 때부터 KBS 〈엄마의 탄생〉이라는 육아 프로그램을 하고 있었는데 그러던 중에 지아와 함께 베이비 마사지를 알려주는 문화센터에 가는 촬영을 하게 되었어요. 집에서 책만 보고 지아랑 둘이 했을 때랑은 다르더라구요. 같은 또래의 엄마들을 만나니 수다도 떨고 재밌더라구요.ㅎㅎ 그때 알게 된 선생님을 통해서 자격증을 취득하게 되었어요. 처음부터 자격증을 취득할 생각은

없었는데 내 딸에게 더 잘해주고 싶은 마음에 공부를 했죠. 그때의 제 선택과 노력이 지금의 건강하고 사랑스러운 지아를 만들어주었고 제 인생에 자격증이라는 스펙을 주었고 작가라는 타이틀을 얻게 해준 것 같아서 정말 저 자신이 뿌듯하고 지아에게 정말 고마워요.

많은 엄마들이 엄마로만 살지 않고 원래의 자기 자신의 모습을 잃지 않았으면 좋겠어요. 여자의 일과 인생은 결혼과 육아로 인해 끝이 아니라 또 다른 기회가 되고 터닝포인트가 되었으면 해요.

요즘에는 엄마들에게 제2의 인생의 기회를 주는 시스템을 많은 걸로 알고 있어요. 참고로 제가 자격증을 딴 기관은 국제지식인협회 사단법인 서울여성일자리협회인데요. 베이비 마사지뿐만 아니라 다른 다양한 직업을 만들 수 있게 혹은 취미로 생활의 활력을 주는 프로그램이 다양해요. 여러 가지 좋은 기회들로 아이와 남편에게만 매여있지 않고 여자로서의 자신을 더 사랑할 줄 아는 멋진 엄마와 아내가 되어 보는 건 어떨까요?

지아맘's Tip!

이런 곳을 참고해보세요!

국제지식인협회 • http://국제지식인협회.kr/default/index/index.php

베이비 마사지, 베이비요가, 키즈요가, 베이비싸인, 임산부요가 등과 관련된 자격증을 취득할 수 있는 곳으로 강사&창업반과 문화센터 등 자신이 목표로 하는 교육의 받을 수 있게 도와주는 곳입니다. 자격증 취득을 목표로 준비하는 엄마들에게 정말 많은 도움이 되겠죠?

서울여성일자리협회 • http://cafe.naver.com/swwal

베이비 마사지, 바리스타, 수공예 등 다양한 분야의 자격증 취득과 교육을 받을 수 있는 곳입니다. 뿐만 아니라 참여하면 좋을 다양한 행사나 공연, 특강 등을 소개해주고 있어 꼭 수강을 목적으로 하지 않는 엄마들에게도 좋은 정보를 얻을 수 있는 공간이랍니다.

여성 새로 일하기 센터 • http://saeil.mogef.go.kr

육아, 가사 등으로 경력이 단절된 여성들을 대상으로 직업상담, 구직관리, 직업교육훈련, 인턴십, 취업연계, 취업 후 사후관리 등

종합적인 취업지원서비스를 제공해주는 곳입니다. 자신이 속한 지역에 있는 센터를 찾아 신청해보세요.

여성가족부 아이돌봄 지원사업 • http://idolbom.mogef.go.kr

아이돌봄지원서비스는 만 12세 이하 아동을 둔 맞벌이 가정 등을 위해 아이돌보미가 가정을 직접 방문하여 아동을 안전하게 돌봐주는 서비스입니다. 야간, 공휴일 상관없이 원하는 시간에 필요한 만큼 이용할 수 있어 다양한 프로그램을 수강하고 싶지만 아기를 맡길 곳이 없어 고민하셨던 분들에게도 큰 도움이 될 것 같아요. 시간제, 종합형, 종일제, 보육교사형 등 다양한 서비스에 따라 비용이나 지원내용도 다르니 꼼꼼히 확인하고 신청해보세요.

한국여성인력개발센터 • www.vocation.or.kr

여성의 경제적 자립을 돕는 곳으로, 전국 22개 법인에서 운영하는 53개 지역별 여성인력개발센터의 프로그램 참여를 할 수 있는 곳입니다. 무료프로그램 및 국비지원프로그램 등 다양한 프로그램을 수강할 수 있습니다.

Chapter3. 마사지 일기
우리 아기와의 소중한 순간을 기록해보세요.

★ 아기가 가장 좋아한 동작

★ 아기가 가장 어려워한 동작

★ 아기와의 소중한 순간 기록하기

★ 육아와 함께 도전해보고 싶은 엄마의 꿈

Chapter 4

우리 아기가 불편할 때 도움을 주는
힐링 마사지&요가

영아 산통 예방, 배앓이, 설사에 좋아요

물레방아 배 마사지

소화기관이 미숙한 아기들의 장운동에 도움을 주어 가스와 노폐물 배출에 도움을 줍니다. 배앓이와 설사할 때 도움이 되고 복부를 편안하게 해줍니다.

1. 아기의 기저귀를 벗기고 늑골 아래 지점부터 생식기 바로 윗부분까지 손바닥으로 쓸어 줍니다. 처음에는 2~3분씩 해 주다가 적응이 되면 10분, 20분씩 늘려 갈 수 있어요.

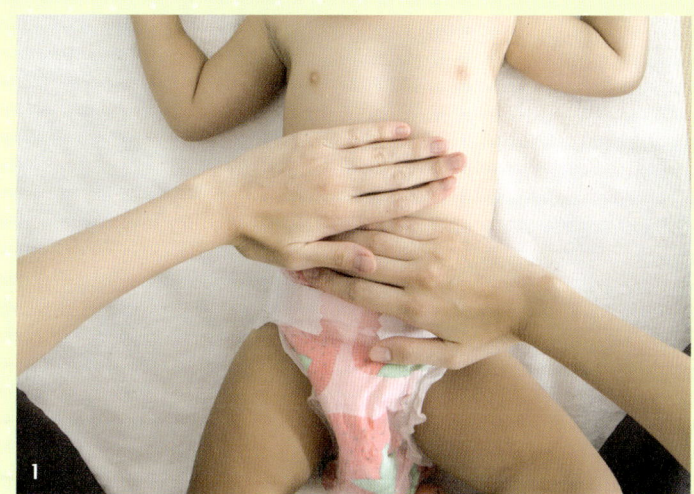

주의

손바닥으로 누르거나 압을 주는 것이 아니고 가볍게 쓸어 줍니다.

변비가 있는 아기를 도와줘요

아이러브유 복부 마사지

아이러브유 복부 마사지는 변비에 효과가 있는 대표적인 마사지 방법입니다. 장의 흐름의 방향에 따라 마사지를 해주기 때문에 노폐물 배출을 도와줍니다.

1. 오른손으로 아기 왼쪽부분의 배꼽과 옆구리의 중간을 위에서 아래 방향으로 'I자'를 그려 쓸어줍니다.
2. 오른쪽 늑골 아래부터 → 왼쪽 늑골 아래를 지나 → 왼쪽 골반까지 배꼽을 중심에 두고 ㄱ자(알파벳L의 거꾸로)를 그려 쓸어 주세요.
3. 역시 배꼽을 중심으로 두고 오른쪽 골반부터 왼쪽 골반까지 'U자'를 엎어 놓은 모양으로 쓸어 줍니다. 처음에는 2~3분씩 해 주다가 적응이 되면 10분, 20분씩 늘려 갈 수 있어요.

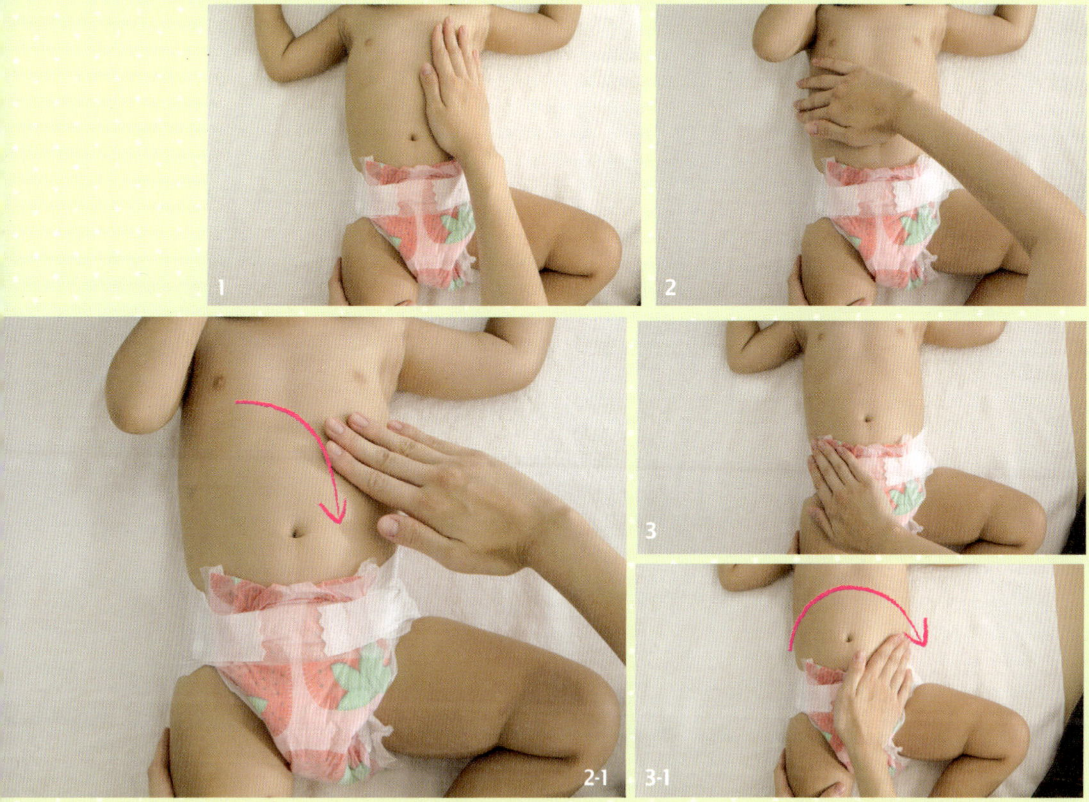

Tip 마사지는 손의 흐름이 끊기지 않고 부드럽게 연결되는 것이 기본입니다. 1, 2, 3번의 동작들을 딱딱 끊는 게 아니고 자연스럽게 연결이 되도록 쓸어 마사지해 주세요.

✤ 주의 ✤ 정확히 콕콕 집어서 하는 지압이나 혈을 잡는 것이 아니기 때문에 압을 준다거나 아이러브유를 반드시 그릴 필요는 없어요. 장운동이 돌아가는 방향이기 때문에 유연하게 순환할 수 있도록 연결된 동작으로 부드럽게 마사지해 줍니다.

기관지와 폐를 튼튼하게 지켜줘요

하트 마사지

호흡기관을 튼튼하게 해주고, 심장과 폐의 기능을 강화시켜 기침, 가래, 천식 증상을 완화시키는 데 도움을 줍니다.

1. 손끝이 아닌 손가락 마디 부분으로 아기의 양쪽 젖꼭지의 중심 부분부터 시작해 → 어깨 → 겨드랑이를 지나 다시 원점으로 돌아오며 하트 모양을 그려줍니다. 4~5회.

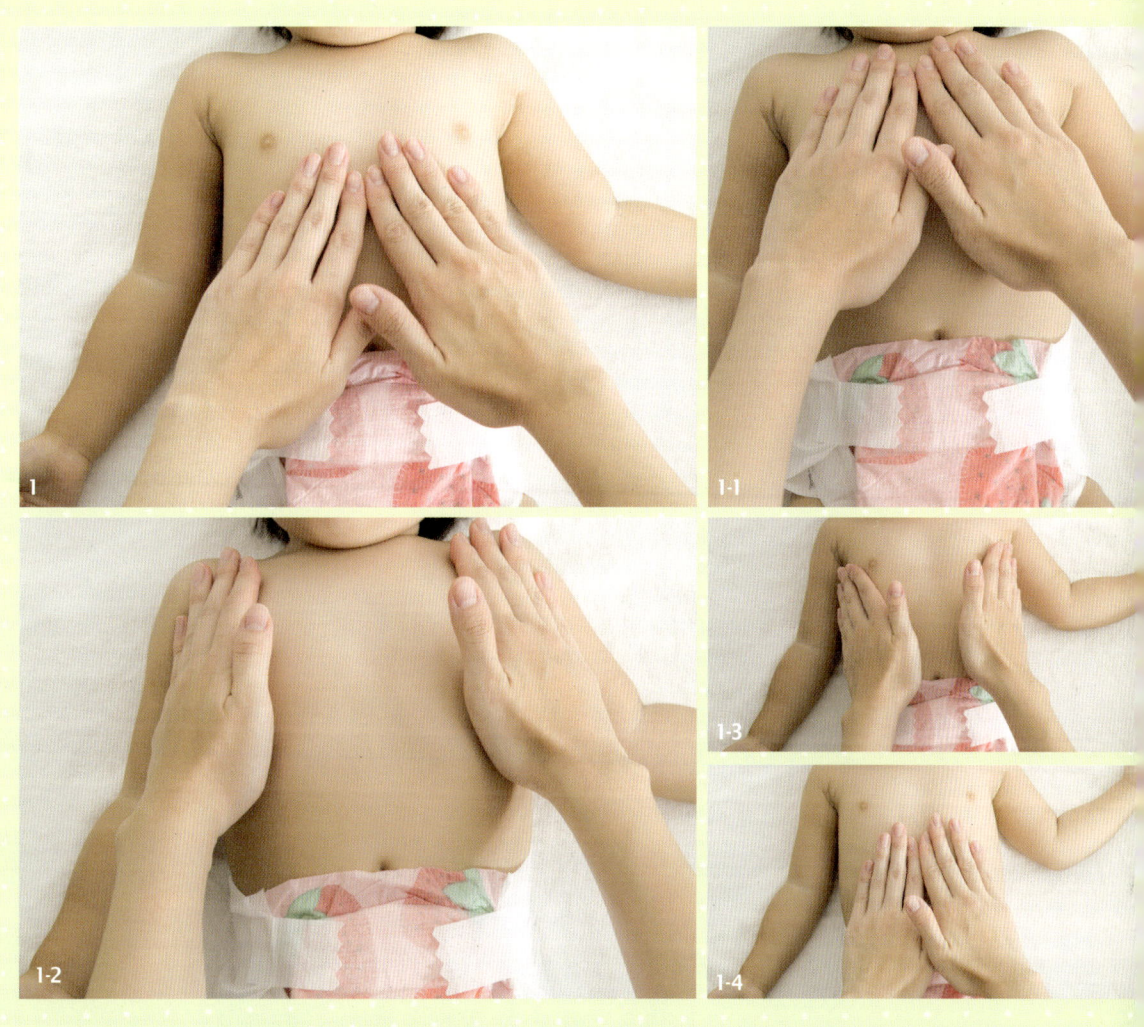

★ 주의 ★ 가슴 마사지를 할 때에는 갈비뼈가 다치지 않도록 힘을 빼고 가볍게 해줍니다.

열을 내려주는 데 도움을 줘요

열을 식혀주는 배 마사지

몸의 순환을 도와주어 열기를 식혀 주고 면역력을 강화하는 데 도움을 주는 방법입니다. 전신이 스트레칭이 되는 마사지&요가 동작이 열을 식혀 주는 데 좋아요.

1. 오른쪽 옆구리에서부터 → 대각선으로 방향으로 반대쪽 어깨를 지나 → 겨드랑이로 노폐물을 빼주고 다시 제자리로 돌아옵니다.
2. 반대 손으로 반대쪽도 같은 방법으로 번갈아 가며 해줍니다. 4~5회.

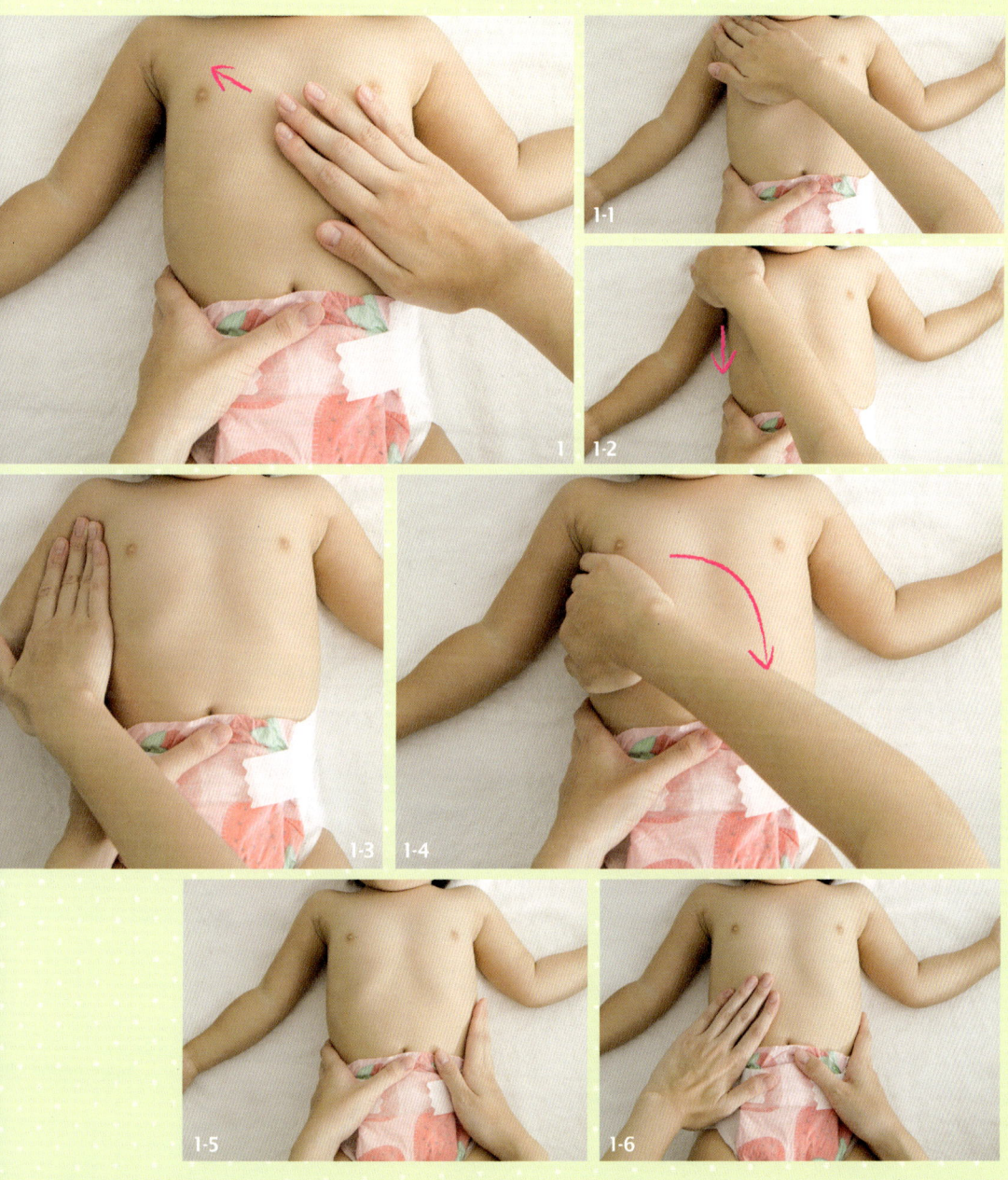

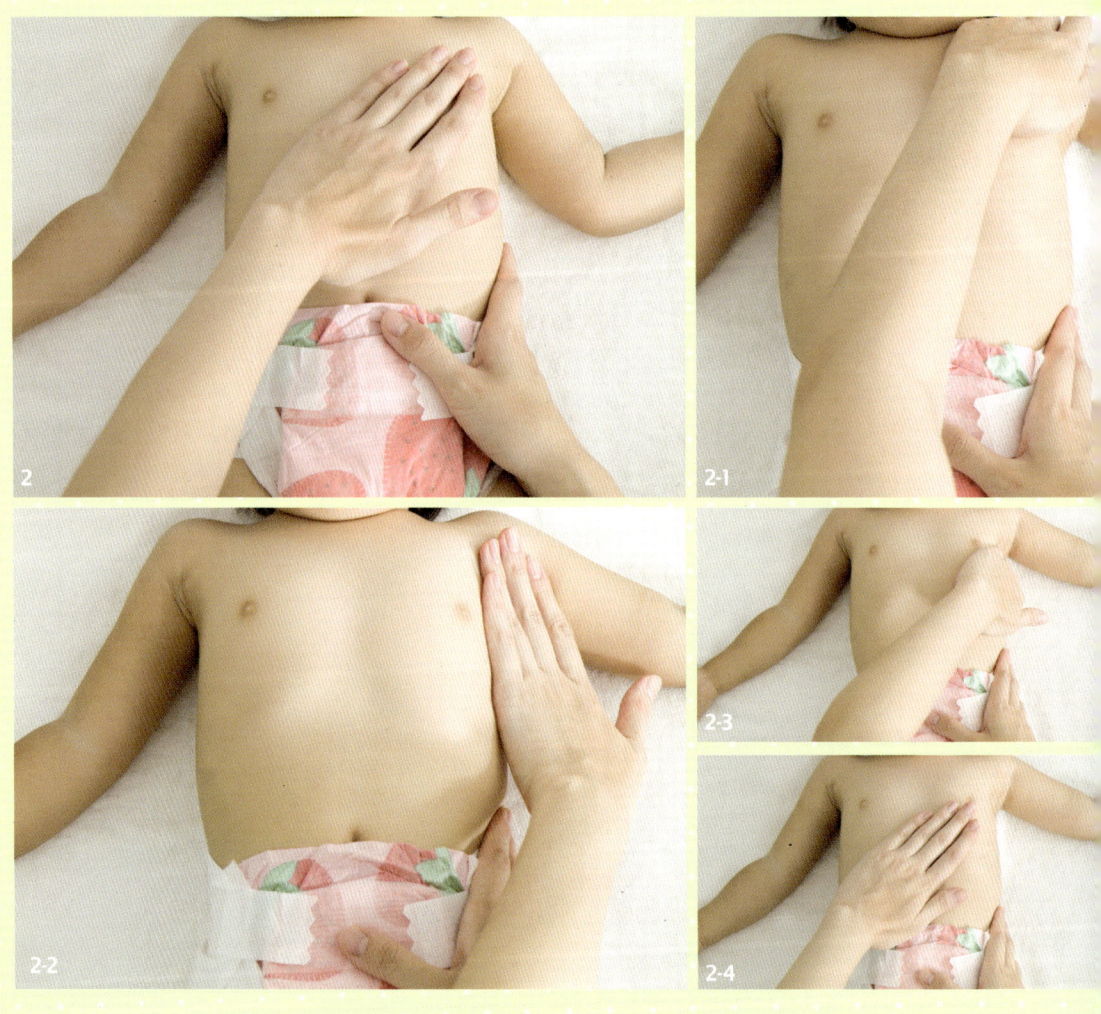

Tip 심한 고열로 아기가 축 처져 컨디션이 매우 안 좋을 때는 하지 말아 주세요.

* 주의 * 손바닥 전체로 감싸듯이 가볍게 마사지해 줍니다.

 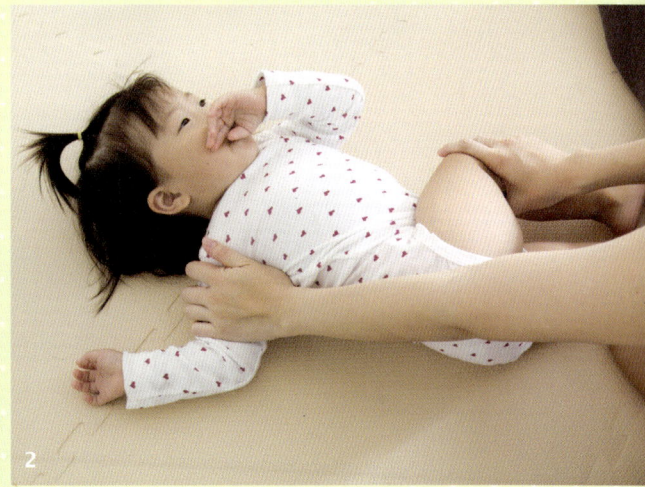

스트레칭 요가

몸의 순환을 도와주어 열기를 식혀 주고, 척추와 옆구리 근육의 이완을 도와줍니다. 성장판에 자극을 주어 성장 발달에 도움을 줍니다.

1. 아기의 왼쪽 다리를 오른쪽으로 넘겨주고, 왼쪽 어깨는 바닥 쪽으로 지그시 눌러 옆구리를 늘려 줍니다.
2. 반대쪽도 같은 방법으로 해줍니다.

잠이 솔솔
오게 해줘요

숙면에 도움을 주는 등 마사지

아기가 잘 자는 건 잘 먹는 것만큼 중요해요. 잘 자야 잘 먹고, 잘 놀고 엄마도 컨디션이 좋아져서 아기를 잘 봐주기 때문이에요. 엄마와 아기가 모두 행복해지는 숙면 등 마사지 꾸준히 해서 기분 좋게 숙면하세요.

1. 마사지 시작 전에 워밍업으로 가볍게 어깨부터 엉덩이까지 쓸어내려 줍니다. 3~4회.
2. 양손을 가로로 하고 어깨부터 골반까지 감싸주며 쓸어 내려옵니다. 2~3회.
3. 양손을 세로로 나란히 두고 허리부터 어깨까지 올라가서 어깨를 살짝 주무른 후 견갑골을 지나 다시 허리로 내려옵니다. 2~3회.
4. 마무리로 손바닥으로 등 전체를 가볍게 쓸 듯이 위에서 아래 방향으로 털어 줍니다. 3~4회.

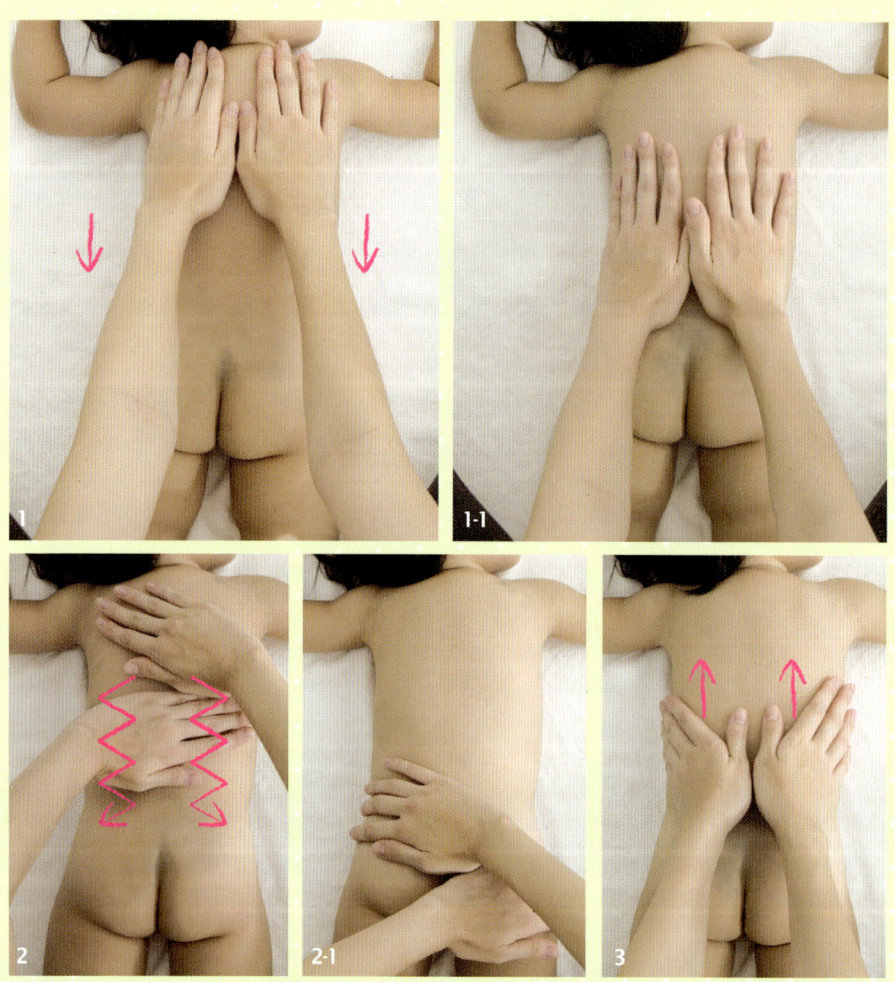

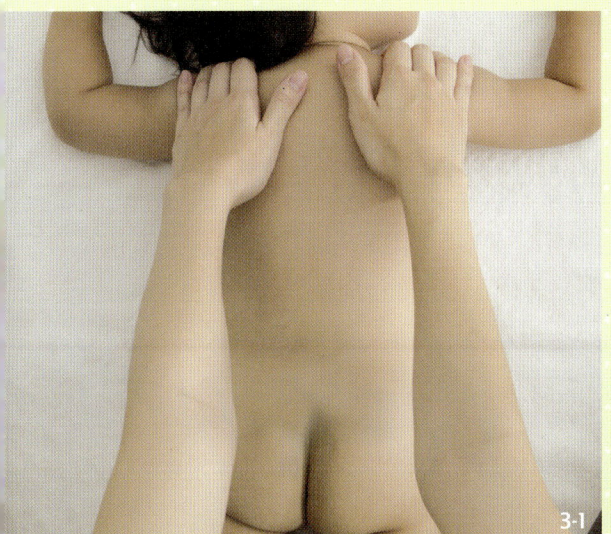
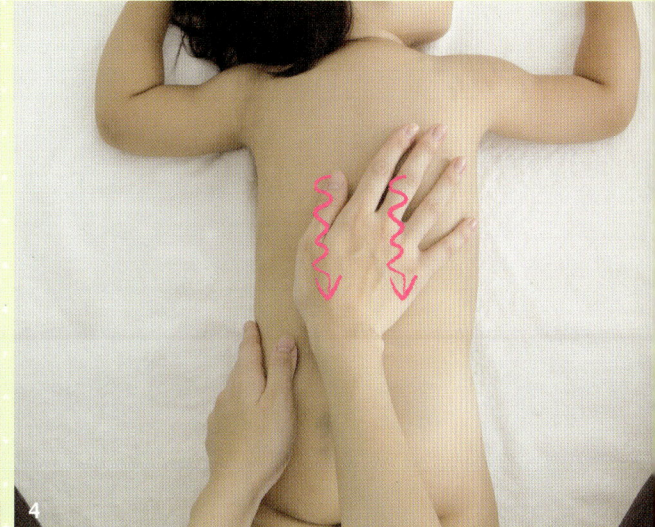

3-1 4

Tip 자기 전에 해주는 마사지는 아기의 잠자리 위에서 해주는 것도 좋은 방법이에요. 조명을 너무 밝지 않게 아늑한 분위기를 연출해줍니다.
안아서 재우는 아기들은 엄마의 어깨에 걸쳐 안은 상태로 등을 만져주는 것도 도움이 돼요.

지아맘 스토리

아빠에게도
육아의 기회를~

지아가 태어나고 매일매일 귀엽고 사랑스러운 모습에 제 남편과 저는 정말 하루도 행복하지 않은 날이 없었어요. 점점 시간이 흐르면서 지아가 반응을 하고 표현을 하고 기어 다니면서 활발해지기 시작하니 아빠의 놀이는 점점 과격해졌어요. 애를 공처럼 던져서 받고 흔들고 둘이 뛰어다니고 그러다가 지아가 넘어지거나 부딪치는 일도 종종 생기면서 불안감에 휩싸인 저는 잔소리를 퍼붓기 시작했죠. 그런 일로 다툼이 늘어났어요. 아빠가 놀아주려고 하면 저도 모르게 감시하게 되고 중간중간에 안 된다고 멈추게 하고, 남편은 자연스럽게 눈치를 보더라구요. 저는 단지 지아가 다칠까봐 걱정되는 마음뿐이었는데 제가 너무 걱정을 했던 거예요.

습관처럼 육아 서적을 읽던 저는 어느 날 책에서 발견한 내용에 충격을 받았죠. 아빠의 육아는 엄마의 육아와 다르다는 내용이었는데, 아빠의 육아는 육아의 방법도 다르고 아기에게 미치는 영향도 다르고 절대 엄마가 해줄 수 없는 부분이라는 내용을 읽는데 그동안의 우려가 조금 사그라들더라구요. 사실 놀다가 넘어지고 다치고 그렇게 자라는 건데 제가 너무 과민반응을 했던 거였어요.

조금만 마음을 열고 보니 아빠와 놀 때 지아는 웃음이 끊이

질 않았고 계속 놀아달라며 오히려 지아가 아빠를 졸졸 따라다니며 남편이 지칠 때까지 귀찮게 하는 모습을 볼 수 있었어요. 그렇게 재밌게 노는 부녀 사이에 항상 태클을 건 거에요, 저는. ㅜㅜ 너무너무 미안한 마음이 들었어요. 다음 챕터에는 아기와 아빠랑 교감할 수 있는 요가 동작들이 있어요. 저 같은 엄마들을 위해 아빠 육아의 엄청난 효과도 제가 실어놨어요. 남편이 아이와 과격하게 놀아 걱정이신 엄마들이 있다면 두세요. 그냥. 넘어지고 다치고, 툭툭 털고 일어나는 법도 알려주세요. 괜찮다고 말해주며 씩씩하게 혼자 설 수 있도록 손 내밀지 말고 믿고 지켜봐 주세요. 아빠랑 뛰어 노는 아이들이 정신적으로 육체적으로 건강하고 바른 사람으로 자랄 수 있어요. 이렇게 아빠에게도 육아의 기회를 주고, 우리 엄마들은 차 한 잔의 여유를 즐기는 거죠. ^^

지아맘's Tip!

베이비 마사지&요가 계획표 만들기

작성 방법

- 시간 : 오전/오후 또는 낮잠 후/잠자기 전 등 마사지&요가를 하면 좋을 시간을 정해보세요.
- 해당 요일, 해당 시간에 해주면 좋을 마사지를 써서 벽에 붙여두면 잊어버리지 않고 쉽게 마사지를 해볼 수 있을 거예요. 특히 주말이나 아빠가 함께할 수 있는 요일에는 아빠와 함께하는 요가, 온 가족이 함께하는 요가를 써서 아빠도 아기와 정기적으로 놀아줄 수 있게 도와주세요.

처음 마사지를 시작할 때 시간표를 작성해서 해주다 보면 어느 순간 엄마도 아기도 마사지에 익숙해진답니다. 잘 지켜진 시간표를 보며 엄마 스스로 뿌듯함도 느끼고 아기를 사랑하는 마음도 더 커집니다. 주말엔 '아빠랑♥' 이렇게 대문짝만하게 써 놓으면 아빠들도 보고는 그냥 지나칠 수 없을 거예요~^^

요일 시간	월	화	수	목	금	토	일

★ 책 뒤 부록으로 잘라서 쓸 수 있는 베이비 마사지&요가 계획표를 수록해두었어요. 이곳에 먼저 계획을 세워 보고 뒤에 옮겨 적어 벽이나 냉장고 등 잘 보이는 곳에 붙여두고 체크하며 온 가족이 함께 베이비 마사지&요가를 즐겨보세요.

Chapter4. 마사지 일기
우리 아기와의 소중한 순간을 기록해보세요.

★ 아기가 가장 좋아한 마사지

★ 아기가 가장 어려워한 마사지

★ 아기와의 소중한 순간 기록하기

Chapter 5

사랑이 넘쳐나는 커플 마사지와 요가

아빠의 목소리와 함께 안정감을 주는 '태교 마사지'

임신 5개월경부터는 엄마의 배가 눈에 띄게 나오기 시작하고 태동을 느낄 수 있어요. 이쯤부터 뱃속에 태아는 청력이 발달하여 바깥의 소리를 들을 수 있는데 엄마의 목소리보다 상대적으로 중저음인 아빠 목소리를 더 잘 들을 수 있고 아빠의 목소리가 태아를 정서적으로 편안하게 해준다고 합니다. 익숙한 엄마의 목소리보다 아빠의 목소리는 상대적으로 아기들의 감각을 더 많이 자극시켜 아기의 지능을 높이는 데 도움을 주기 때문에 스킨십과 함께 태아에게 동화책을 읽어 주거나 노래를 불러주면 아기가 더 좋아하고 잘 들을 수 있겠죠.^^

또 이때부터 아기의 간뇌가 발달하기 시작해서 엄마와 감정을 똑같이 느끼게 되는데 아빠가 엄마에게 다정하게 대화를 건네며 사랑스러운 손길로 배 마사지를 해준다면 아기와 교감도

할 수 있고 배가 서서히 나오며 살이 트기 시작하는 엄마의 피부에도 도움이 되므로 뱃속의 아기에게 더없이 좋은 태교가 될 거에요. 임신으로 몸과 마음이 무거워져 있는 엄마에게도 안정감을 주고 기분전환에 도움이 되어 더 행복한 임신생활을 보낼 수 있습니다.

아빠들~ 명심하세요! 여자가 임신했을 때 가장 필요한 건 친정 엄마의 손길과 남편의 관심이에요. 특히 남편의 따뜻한 말 한마디와 스킨십이 얼마나 큰 힘이 되고 든든한지 모른답니다.

임산부
배 마사지

★ 태아에게

배 마사지를 해주면 양수에 규칙적인 떨림이 생기는데 이 자극이 태아의 대뇌를 발달시켜 줍니다. 그리고 엄마, 아빠와의 교감으로 정서적 안정감을 줍니다.

★ 엄마에게

배 마사지를 통해 남편의 사랑을 느낄 수 있고 심리적으로 안정감을 느낄 수 있습니다. 또 림프를 자극시켜 혈액순환을 원활하게 도와주어 몸의 흐름을 균형 있게 해줍니다.

임신과 출산으로 인해 심리적으로 불안하고 예민해지고 육체적 변화로 신체의 밸런스가 바뀐 엄마는 배뭉침, 불면증, 부종, 입덧 등에 시달릴 수 있습니다. 여자에게 임신 10개월 동안의 시간은 행복하고 설레기도 하지만 힘든 시기입니다. 마사지로 가장 큰 효과를 누릴 수 있는 좋은 방법은 비슷한 시간에 매일 꾸준히 해주는 것입니다. 매일저녁 배 마사지를 해준다면 사랑하는 태아와 아내가 행복하게 숙면을 취할 수 있겠죠.^^ 아빠들 파이팅!

마사지 방법

1. 엄마와 아빠가 기분 좋은 상태로 아기의 태명을 부르며 태담으로 시작 합니다.
2. 배꼽을 중심으로 두고 윗배는 위에서 아래로 쓰다듬어주고, 아랫배는 아래에서 위로, 양옆의 배는 옆구리에서 배꼽방향으로 향하게 부드럽게 쓰다듬어 줍니다. (모든 동작은 1~2분 정도로 하고 오일이나 크림이 흡수되면 다음 단계로 넘어가요.)
3. 역시 배꼽을 중심으로 시작하여 점점 큰 원을 그리며 시계방향으로 배 전체를 부드럽게 마사지해 줍니다.
4. 양손을 교차시키며 배 전체를 부드럽게 쓰다듬어 줍니다.

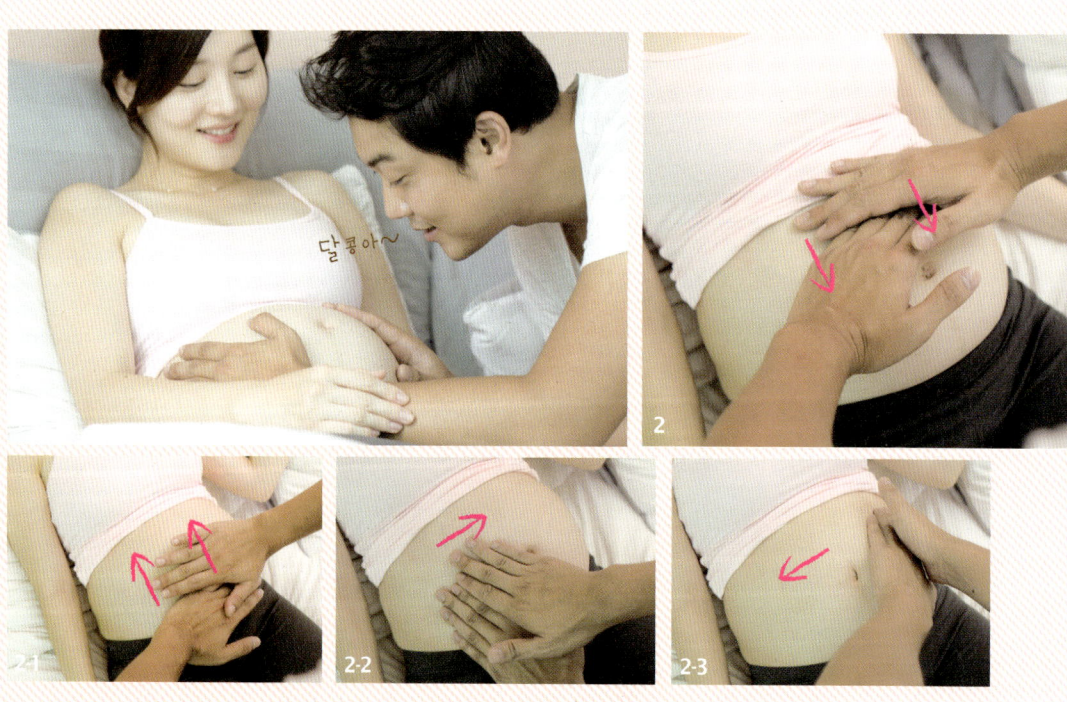

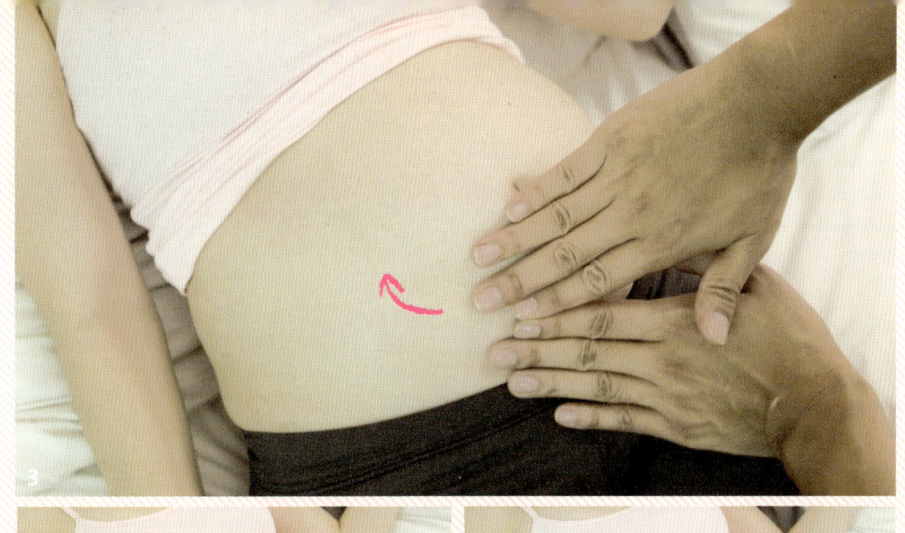
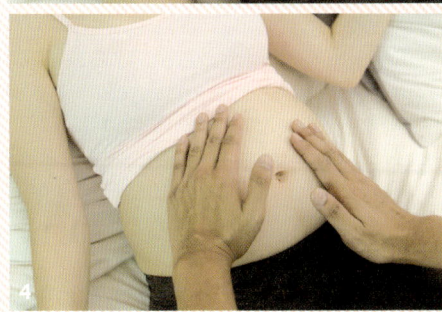
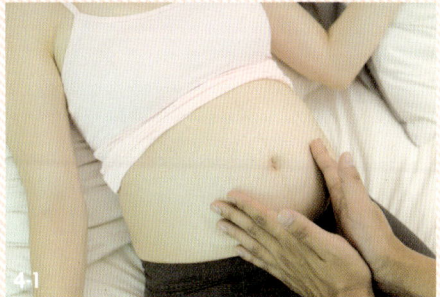

Tip 아기의 태동을 느껴보세요. 아기에 대한 설렘과 애착이 더 커지고 정말 사랑스러울 거에요. ^^

✶ 주의 ✶ 모든 동작은 1~2분 내외로 하여 전체 배 마사지 시간은 10분을 넘지 않도록 하고, 최대 하루 3회 이하로 합니다. 부드럽게 마사지를 진행하기 위해 오일이나 크림은 충분히 발라줍니다.

그리고 아빠들은 기본적으로 손 힘이 세기 때문에 최대한 힘을 많이 빼주셔야 하고 엄마 배에 체중이 실리지 않도록 서거나 높이 있지 않고 앉은 자세로 해주세요.

날 수 있어요~ 아빠와 함께 '스윙 요가'

아빠의 육아 '아빠 효과'

아빠 육아의 시작은 태담과 태교로 시작해 아기가 점점 자라면서 신체적인 놀이로 발전하게 됩니다. 사실 사회생활을 하는 우리나라 아빠들의 양육 참여는 시간적으로 부족하지만 엄마와 아빠가 함께하는 공동육아는 아기에게 도움이 될 뿐만 아니라 엄마의 육아 스트레스와 부담을 덜어 주기 때문에 심리적으로 건강한 엄마를 만들어 줍니다. 생각보다 많은 여성들이 출산 후 산후 우울증과 육아 스트레스로 힘들어 하는 시기를 보낸다고 해요. 남편의 자상한 관심과 따뜻한 손길로 화목한 가정을 만드세요. 그러면 자연스럽게 엄마의 태도가 아빠와 아기에게 긍정적으로 바뀌며 화목한 가정의 순환과정이 이루어집니다.

아빠가 해줄 수 있는 대표적인 육아 방법은 스킨십(목욕, 신체적 놀이), 깊은 대화, 여행이 있습니다. 다양한 놀이와 온몸으로 하는 아빠의 스킨십 육아는 특히 이성과 논리를 담당하는 아기의 좌뇌를 발달시켜 준다고 합니다.

아빠의 스킨십과 놀이가 아기에게 미치는 영향

★ 놀이를 통해 성취감을 얻고 상대적으로 자기보다 세다고 생각하는 아빠의 칭찬과 인정은 아기에게 독립성을 키워준다.
★ 아빠와의 과격한 놀이가 아이의 신체를 발달시킬 뿐만 아니라 감정과 생각 조절 능력을 키워준다.
★ 예측 불가능한 신체적 놀이 활동으로 상상력과 창의력, 감정 통제 능력이 발달한다.
★ 정적인 엄마의 육아를 보완해주어 신체 조절 능력에 도움이 된다.
★ 상대적으로 많은 시간을 함께하지 못하는 아빠와 신체 접촉을 통해 친밀감을 높일 수 있다.
★ 인성과 사회성 발달로 문제 해결능력이 향상 되고, 또래 친구들과의 사이가 원만해지고 문제행동을 적게 한다.
★ 이성과 논리를 담당하는 좌뇌를 발달시켜 논리적 사고력이 향상된다. 통계에 의하면 대체적으로 수학능력이 우수하다는 결과보고가 있다.
★ 사회적으로 자신의 능력을 발휘하고 행복한 가정을 꾸린 사람들의 어린 시절 공통점은 아빠와의 좋은 관계였다.

스윙 요가 방법

스윙 요가는 아기의 몸이 아빠에게 의지해 있기 때문에 아기에게 아빠에 대한 깊은 신뢰감과 친밀감을 줍니다. 그리고 주로 공중에서 이루어지는 동작이기 때문에 아기의 평형감각, 균형감각 등이 발달합니다.

아빠와 함께 춤을

아기가 아빠의 발등을 밟고 올라서서 아빠와 손을 마주잡고 음악에 맞춰 춤을 춥니다. 눈을 마주치며 하는 것이 중요하며, 이 동작은 아기와 아빠 사이의 친밀감과 신뢰도를 높여줍니다.

흔들흔들 그네

★ 돌 이전의 아기들은 아빠가 품에 안은 상태로 양옆으로 흔들흔들 그네를 태워줍니다.

★ 돌 이후의 아기들은 아빠가 몸을 숙인 뒤 아기의 몸통을 잘 잡고 앞뒤로 왔다갔다 또는 양옆으로 왔다갔다 그네를 태워줍니다.

지아 이야기

지아가 가장 좋아하는 놀이랍니다. 깔깔거리는 웃음을 멈추지 않고 멈출 수 없게 계속 해달라고 해서 덩달아 남편의 팔 근육도 울룩불룩해집니다.

엘리베이터 타기

아빠가 똑바로 서서 아기의 몸통을 잡고 키만큼 들어 올렸다가 몸을 숙여 다리 사이로 내려오기를 반복합니다. 떨어질 때 속도 조절에 주의해 주시고 올라갈 때는 1층, 2층, 3층… 내려올 때는 2층, 1층, 지하 1층 이렇게 놀이해 주세요.

나비처럼 훨훨

아빠는 똑바로 서서 아기의 몸통을 잡고 왼쪽 바닥에서 시작하여 아빠의 중심을 지나 오른쪽 바닥으로 착지합니다. 아기는 훨~훨~ 하면서 양팔로 나비처럼 날개를 만들어요.

슝슝 비행기 타기

아빠가 누워 있고 다리를 굽힌 뒤 발등에 아기를 태워 위 아래로 다리를 굽혔다 폈다가를 반복해 줍니다.

우리가 어릴 적부터 내려온 정말 유명한 놀이죠. 아기들에게는 균형감각을, 아빠에게는 복근운동을~ 1석2조랍니다.

빙글빙글 슈퍼맨

다리를 어깨너비 보다 조금 더 넓게 벌려 중심을 잡고 아기를 마주보게 하거나 앞을 향하게 하여 몸통을 잘 잡아줍니다. 리본 모양으로 크게 8자를 그려줍니다. 아기가 무서워하지 않고 재미있어 한다면 아빠와 함께 빙글빙글 돌아봅니다.

엉금엉금 터널 놀이

아빠가 엎드려서 터널 모양을 만들어 줍니다. 아기는 그 밑으로 엉금엉금 기어가며 아빠 터널을 지나갑니다. 익숙해지면 아빠가 움직이는 터널을 해주세요. 도망가는 아빠 터널을 얼른 지나가려고 신나서 엄청나게 열심히 엉금엉금 기어갑니다.

지아 이야기

늘 엄마엄마~ 하며 엄마 껌딱지 인 듯 보이는 지아도 아빠랑 놀 때는 엄마는 쳐다보지도 않아요. 심지어 제가 불러도 들은 척도 안한답니다.ㅠㅠ 오직 놀이에만 집중해서 깔깔 거리고 웃느라 정신이 없죠. 그렇게 둘이 노는 모습을 볼 때 처음에는 남편이 너무 과격하게 놀아주는 건 아닌지 다치지는 않을까 조마조마 했는데 지아가 더 놀아달라고 조르고 신나하는 모습을 보니까 저도 덩달아 기분이 좋고 옆에서 동영상 찍기 바빠졌어요. 그리고 정말 좋은 정보 하나를 알려드릴게요. 보통 아빠들은 아기들과 놀아줄 시간이 퇴근 후 저녁식사를 마치고 늦은 시간 시간이잖아요. 정말 좋은 타이밍이에요. 우리 슈퍼맨 아빠들 취침 전에 조금만 힘을 내서 아기와 함께 목욕 후 30분만 놀아주세요. 에너지를 소비한 아기들은 피곤해서 수월하게 잠이 들어요.^^ 한마디로 뻗는 답니다. ㅎㅎ

출산 후 엄마의 몸매를 날씬하고 탄탄하게 '1석2조 맘&베이비 요가'

출산 후 여자들의 가장 큰 고민이자 적이 되어버린 살들… 그냥 다이어트를 할 때와는 또 다르게 유난히 잘 안 빠지는 것 같은 느낌이 들더라구요. 특히 뱃살은 너무너무 안 빠지고 약간 처진 느낌도 들고. ㅠㅠ

무엇보다도 저는 허리랑 손목이 너무 아파서 고생했었어요. 손목은 손목 보호대를 항상 착용하고 안 쓰니까 나아졌는데 허리는 계속 수유하고 안고 놀아주고 하면서 운동할 시간은 없고, 허리 근육들이 많이 약해져 있는 상태라 계속 아팠어요. 대충 스트레칭으로 긴장만 풀어주고 따로 운동할 시간을 도저히 낼 방법이 없어서 고민하고 힘들어했죠. 저도 모르는 사이에 나를 위한 시간이 없고 나를 관리하는 시간이 없다는 걸 깨달았어요. 다시 저를 돌아보았을 때는 제 삶이 허전하고 외로웠어요. 항상 관리하고 꾸미고 정신없이 뛰어다니며 활발했던 나였는데 하루에 한 번 집 밖에 나가지 못하는 날도 수두룩했죠. 저는 항상 저 자신으로 살아왔는데 이제는 아내, 엄마로만 살고 있는 저를 봤어요. 당시에는 몰랐지만 저에게도 우울증이 왔었던 것 같아요. 산후 우울증, 육아 우울증은 정도의 차이만 다를 뿐이지 누구에게나 다 온다고 해요.

그 때 제가 KBS '엄마의 탄생'이라는 육아 프로그램에 출연 중이였을 땐데 퀴니라는 유모차 브랜드에서 엄마 모델 선발대회를 한다는 걸 우연히 알게 되었고 거기에 참가를 할 테니 촬영을 해달라고 부탁을 했어요. 내가 포기할 수 없게 뭔가의 억압을 만들어서라도 저 자신을 찾고 싶었어요. 신청을 하고 바로 운동부터 시작했어요. 제가 직접 육아를 하고 있었기 때문에 P.T를 받을 수 있는 시간은 일주일에 한두 번뿐이었어요. 나머지 날들은 집에서 육아와 함께 이루어졌죠.

이때 집에서 했던 운동들이 지아 안고 스쿼트하기 지아 들고 복근운동하기와 같은 '엄마랑 아기랑 1석2조 요가'에 있는 내용들이에요. 그렇게 지아랑 놀아주면서 허리 근육과 복근을 단련시켰죠. 제 몸도 훨씬 좋아지고 편해졌어요.^^ 아기와 함께 요가를 하면서 놀이 시간도 보내고 엄마의 건강도 지키고 1석2조 맘&베이비 요가 정말 추천합니다!

★ 맘&베이비 요가 동작은 벽에 붙여두고 수시로 동작을 따라할 수 있도록 부록에 수록해놓았답니다. 잘라서 잘 보이는 곳에 붙여 두세요~ 눈에 잘 띄어야 한 번이라도 더 해보게 되겠죠?

아기와 함께 스쿼트

엄마에게 : 스쿼트를 하면서 출산 후 약해진 다리 근력을 강화시켜주고 엉덩이와 골반의 근육도 탄력 있게 만들에 줍니다.

아기에게 : 균형감각을 키워줍니다.

1. 다리를 어깨너비보다 조금 더 넓게 벌리고 허리를 곧게 펴준 후 아기가 떨어지지 않게 잘 받쳐 안아 줍니다.
2. 그대로 허리를 굽히지 않고 "내려갑니다 올라갑니다"라고 말해주며 내려갔다 올라옵니다. 이때 무릎이 발가락보다 나오지 않게 합니다.

> **Tip** 아기의 체중이 무거울 경우에는 엄마의 손목 또는 무릎에 무리가 가지 않도록 횟수를 조절해 줍니다.
>
> ✽ **주의** ✽ 아기가 떨어지지 않게 잘 안아줍니다. 아기의 무게가 있기 때문에 너무 많은 횟수를 하기보다는 1세트에 8~12회 이내로 하여 쉬어가며 해줍니다. 무릎을 구부려 앉을 때 허리를 곧게 펴고 무릎은 발가락보다 앞으로 나오지 않도록 합니다.

슝슝 엄마 비행기

엄마에게 : 복근에 힘을 길러주고 꼬리뼈와 척추를 하나하나 자극시켜 주면서 허리를 스트레칭 해줍니다.

아기에게 : 균형감각을 길러줍니다.

주의
수유 후 30분이 지나고 합니다. 복근에 항상 힘을 주어 긴장을 시키고 누웠을 때 머리가 바닥에 닿지 않게 합니다.

1. 엄마는 등과 허리를 펴고 앉은 상태에서 아기를 발등 위에 앉히고 몸통을 잘 잡아줍니다.
2. "슝슝 엄마 비행기 출발합니다"라고 하며 천천히 뒤로 누워 다리를 구부렸다 폈다가를 반복하면서 비행기를 태워줍니다. 3~5회 정도 비행기를 태워준 후 배와 허리에 힘을 주어 다시 일어나 반복해줍니다.

흔들흔들 엄마 그네

엄마에게 : 다리 근육을 이완시켜 주어 스트레칭을 도와줍니다.
　　　　　 허리의 힘을 길러줍니다.
아기에게 : 운동신경을 발달시켜 줍니다.

1. 다리를 어깨너비보다 조금 더 넓게 벌리고 다리를 쭉 펴고 허리를 90도로 숙여 아기를 잘 받쳐 안아줍니다.
2. 앞뒤로 흔들흔들 그네를 태워줍니다.

✽ 주의 ✽ 아기가 떨어지지 않도록 주의하여 잡아줍니다.

언제 어디서나 쉽게 할 수 있는
베이비 마사지&요가

수유하거나 안고 있을 때

수유 중이거나 아기가 우유를 먹고 있을 때는 너무 과한 마사지 동작은 권하지 않아요. 아기가 편안하게 수유에 집중할 수 있도록 부드럽게 만져 줍니다.

❶ **발 마사지**

머리 쪽을 받치고 있지 않은 손을 이용해 발 마사지를 해줍니다.

1. 엄마의 손바닥과 아기의 발바닥을 마주 보게 잡고 전체적으로 살살 주물러 줍니다.
2. 발가락을 하나씩 차례대로 조물조물 만져 줍니다.
3. 마무리로 1번과 같은 동작으로 마사지해 줍니다.

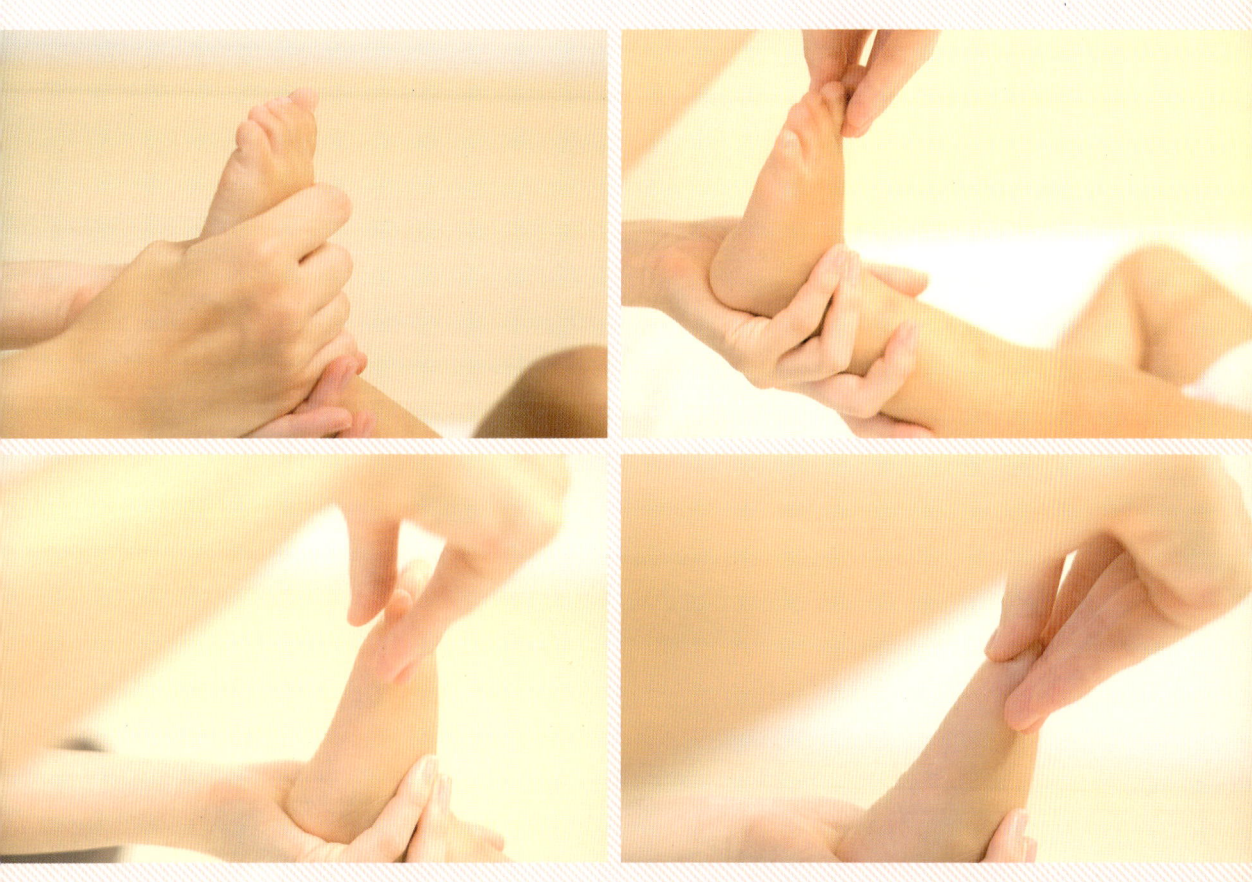

❷ 귀 마사지

혈액순환에 좋은 귀 마사지는 특히 신생아 때부터 100일 사이에 유용해요. 아기가 수유 도중 항상 잠이 들거든요. 그때는 아기의 식사량이 다 차지 않았기 때문에 꼭 깨워줘야 합니다. 꾹꾹 귀 마사지를 해주면 잠에서 깨울 수 있어요.

1. 귓불을 조금 힘을 주어 꾹꾹 마사지합니다.
2. 귓불부터 귀의 윗부분까지 꾹꾹 누르며 올라갑니다. 다시 꾹꾹 누르며 귓불로 내려옵니다.

Tip 엄마가 직접 자신의 귓불을 꾹꾹 눌러 보세요. 힘을 주어도 아프지 않고 손을 떼면 시원해집니다. 아기를 잠에서 깨워야 하기 때문에 조금 힘을 주어 마사지해도 전혀 아프지 않아요.

목욕할 때

목욕시간에 마사지를 적절하게 이용하는 것도 좋은 방법이에요. 거품 칠을 할 때에도 오일처럼 미끄러워 피부에 무리가 가지 않으므로 마사지를 해줄 수 있어요.

하지만 아기가 어릴수록 목욕 시간은 점점 짧고 거품을 헹구지 않고 오래 있으면 연약한 아기 피부에 좋지 않기 때문에 마사지 시간은 5분 이내로 하고, 돌 이후의 아기들에게만 해줍니다.

목욕 후 오일 마사지

목욕으로 긴장되어 있던 아기의 몸을 이완시켜 주어 편안하게 숙면을 유도합니다. 오일과 로션을 발라 줄 때 그냥 발라 주지 않고 마사지를 해 줍니다. 10분 이내로 해줍니다.

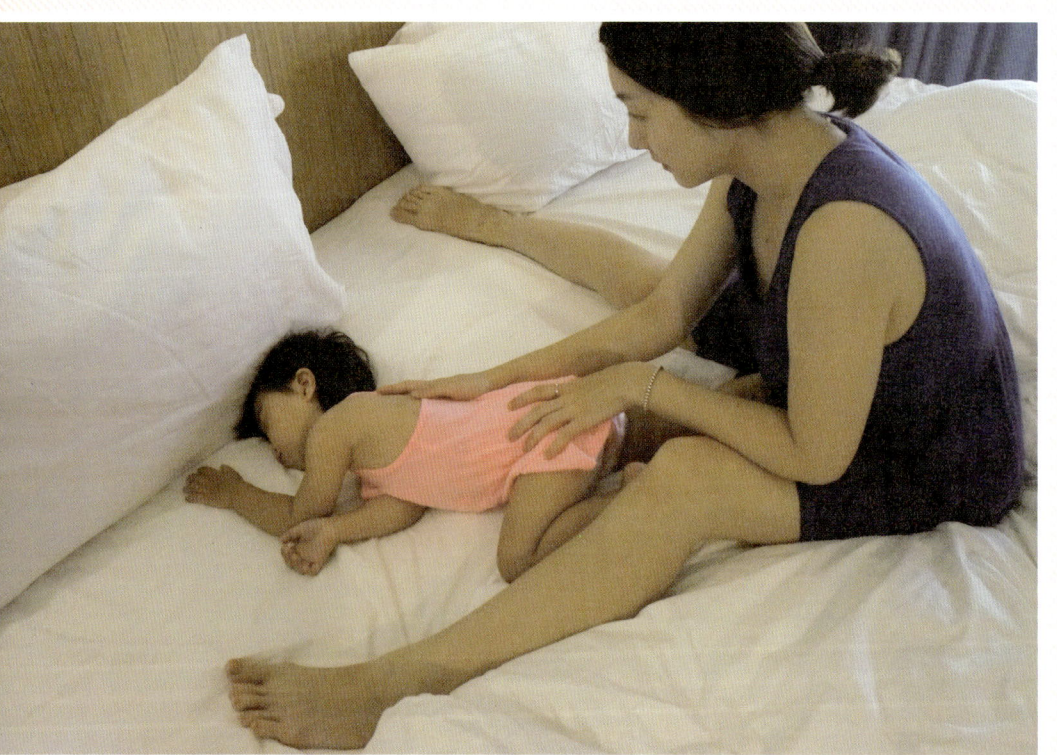

기저귀를 갈아 줄 때

기저귀를 갈아 줄 때마다 마사지해 주면 따로 시간을 내지 않아도 돼요.

다리&복부 마사지

다리 마사지는 혈액순환을 시켜주고 다리의 근육을 이완시켜 줍니다. 또 성장판을 자극해 다리를 곧고 길어지게 하는 데 도움을 줍니다. 복부 마사지는 소화 기관을 자극해 소화를 돕고 노폐물 제거를 도와줍니다.

1. 다리를 모아 허벅지부터 발끝까지 쭉쭉 마사지를 하며 내려옵니다. 1회.
2. 종아리를 잡고 두 다리를 복부 쪽으로 구부렸다 폈다를 반복합니다. 2~3회.
3. 같은 자세에서 한쪽 다리씩 번갈아 가며 구부렸다 폈다를 반복합니다. 2~3회.
4. 마무리로 두 다리를 모으고 1번 동작을 해줍니다.

 지아가 팬티 기저귀를 차기 전까지만 해도 항상 해주던 마사지예요. 그 덕분인지 지아는 롱다리랍니다.

아기가 앉아 있을 때 · 아기가 TV나 동영상을 볼 때

❶ 팔 마사지

인지 능력이 향상되면서 팔을 많이 움직이게 되는데 팔 마사지를 통해 어깨, 팔꿈치, 손목 관절에도 영향을 주며 팔을 유연하고 곧게 만들어 줍니다. 그리고 겨드랑이는 노폐물이 쌓이는 곳이기 때문에 마사지를 해주어 배출시켜 줍니다.

1. 한 손으로 손목 위 팔 부분을 살짝 잡고, 반대 손으로 손목부터 어깨의 견갑골까지 감싸 올라갔다 쓸어 내려옵니다. 3~4회 반복.
2. 두 손으로 팔을 잡고 가볍게 주물러 줍니다. 2회 정도.
3. 마무리로 팔뚝을 가볍게 흔들어 털어 줍니다.

지아 이야기

지아는 이렇게 부르르르~ 털어 줄 때를 가장 좋아했어요. 간지러운지 개운한지 깔깔대며 웃는 모습이 기분 좋게 하더라구요.

✱ **주의** ✱ 마사지를 할 때에는 꼭 오일을 충분히 발라야 살이 쓸리지 않아 아기가 아파하지 않아요. 관절 부분은 마사지가 강하게 들어가지 않도록 주의합니다. 손가락 끝에 힘이 들어가면 압이 강해져서 아기의 피부가 빨개지거나 아파할 수 있으므로 꼭 힘을 빼야 해요. 손바닥과 손가락의 힘으로만 마사지를 합니다.

❷ **두뇌 발달에 좋은 손 마사지**

손과 손가락 마사지는 소근육 발달에 영향을 주기 때문에 두뇌 발달에 아주 좋아요.

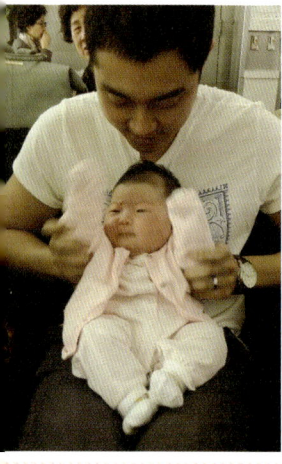

1. 두 손으로 가볍게 손목과 손등을 받치고 손의 시작 부분인 수근(손목과 손바닥의 경계 부분)에서부터 손가락 방향으로 쓸어 줍니다. 2~4회.
2. 이 상태에서 수근부터 손가락 방향으로 손바닥을 엄지손가락으로 지압해 줍니다. 2~3회.
3. 아기의 손을 가볍게 잡은 뒤 엄지손가락부터 차례대로 약간 힘을 주어 위아래 양옆의 손가락 전체를 주물러 줍니다. 1번씩.
4. 마무리로 팔뚝부터 손가락까지 긴장이 풀어지게 쓸어 줍니다. 2~3회.

Tip 아기가 손을 빨거나 입에 넣을 시기가 되어 우려된다면 오일 없이 가볍게 마사지 해줘도 돼요. 아니면 먹을 수 있는 식물성 오일을 사용하는 것도 좋은 방법입니다.

* 주의 * 손가락뼈가 상할 수 있으니 손가락을 돌리거나 마디 부분은 너무 세게 하지 않아요. 손가락을 오므리고 있다면 억지로 펴지 않아요. 손목을 너무 꽉 잡지 않도록 주의합니다.

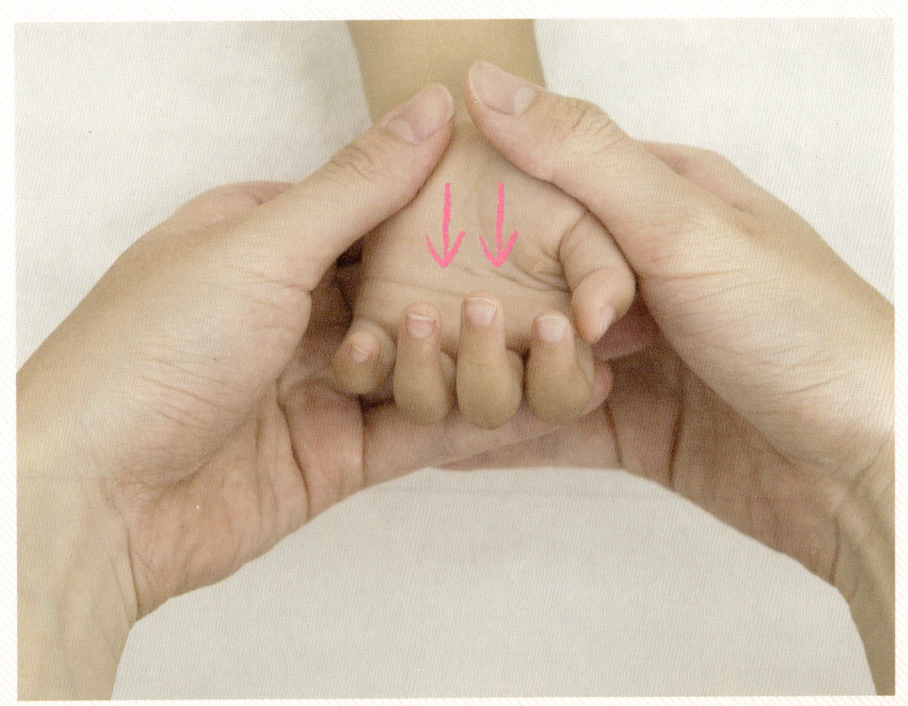

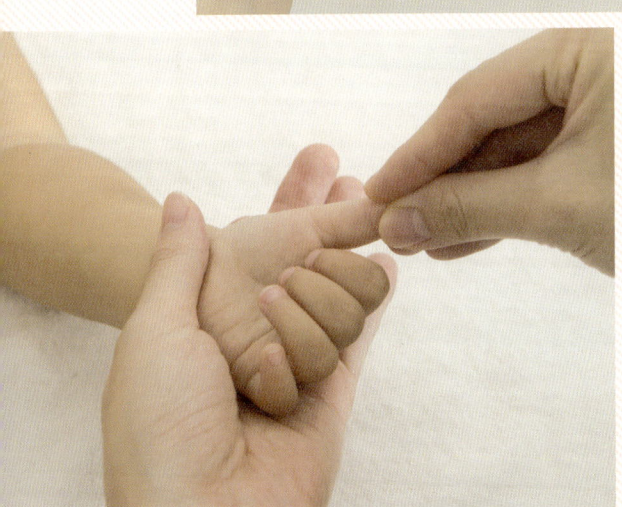
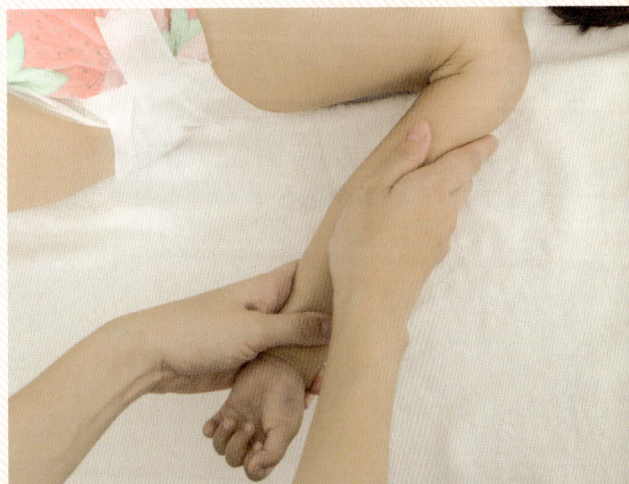

Chapte5. 마사지 일기
우리 아기와의 소중한 순간을 기록해보세요.

★ 아기가 가장 좋아한 동작

★ 아기가 가장 어려워한 동작

★ 아기와의 소중한 순간 기록하기

★ 아빠&아기와의 소중한 순간 기록하기

Epilogue

기대 반 걱정 반으로 시작한 책이 드디어 끝을 향해 가고 있네요. 제 인생에 글을 쓰는 날이 올 줄은 상상도 못했었는데… 저의 보물 같은 딸 지아와 함께 할 수 있어서 더욱 값지고 의미 있는 책이 되었네요. 글을 쓰겠다고 다짐했던 처음 순간의 마음처럼 제 책을 통해서 모든 엄마에게 설렘과 감동으로 가득 찬 출산이 되고 행복한 육아가 되었으면 좋겠어요.

책을 쓸 수 있게 도와준 제 반쪽 남편, 정말 고맙고 사랑해요. 언제나 저에게 아낌없이 사랑을 주셔서 저도 그 사랑을 제 딸에게 도 줄 수 있게 해준 엄마 고맙습니다. 존경하고 사랑합니다.

부록

이런 성분은 피하세요~

유해 화학 성분	용도	유해성
파라벤	방부제	알레르기 유발, 내분비계 교란, 유방암 유발 의심물질
페녹시에탄올	방부제	알레르기 유발, 마취작용, 강한 피부자극
미네랄오일	방부제, 연화제	발암성 물질, 피부호흡 방해, 피부 질환 유발
파라핀	방부제, 점증제	발암성 물질, 피부호흡 방해
포름알데히드	방부제, 살균제	알레르기 유발, 발암성 물질, 피부 자극 유발
폴리에칠렌글라이콜	계면활성제	발암성 물질, 간/콩팥 기능 장애 유발
폴리프로필렌글라이콜	보습제, 계면활성제	발암성 물질, 간/콩팥 기능 장애 유발
트리에탄올아민	계면활성제, 유화제	
이미다졸리디닐우레아	방부제	발암성 물질
디아졸리디닐우레아	방부제	발암성 물질
이소프로필알코올	방부제, 살균제	어지러움증, 두통 유발
디메치콘	점증제, 계면활성제	피부호흡 방해
탈크	파우더	발암성 물질, 호흡기장애 유발
BHT/BHA	산화방지제	신경독성, 피부장애 유발, 방암성물질, 환경호르몬
사이클로메치콘	연화제	피부호흡 방해
벤조페논	자외선 차단제	환경호르몬 의심, 발암성 물질, 신경독성
옥시벤존	자외선 차단제	순환기 장애, 피부자극 유발
디에탄올아민	유화제	피부기능장애유발, 발암성 물질, 간/콩팥기능 장애 유발
소듐라우릴설페이트	세정제	피부기능장애유발, 발암성 물질
소듐라우레스설페이트	세정제	피부기능장애 유발, 발암성 물질
디소듐이디티에이	점증제	알레르기 유발, 콩팥기능 장애 유발
살리실산	살균제	알레르기 유발, 피부염 유발, 홍조, 발진, 가려움
트리클로산	살균제	호르몬 대사 방해, 신경계 교란, 발암성 물질
쿼터늄-15	살균보조제	알레르기 유발, 발암성 물질, 피부 자극 유발
인공향료 (적색o호,황색o호,청색o호)	착색제	알레르기 유발, 발암성 물질

우리 가족 행복한 마사지&요가 시간표

시간\요일			
월			
화			
수			
목			
금			
토			
일			

1석2조 맘&베이비 요가

아기와 함께 스쿼트

1. 다리를 어깨너비보다 조금 더 넓게 벌리고 허리를 곧게 펴준 후 아기가 떨어지지 않게 잘 받쳐 안아 줍니다.
2. 그대로 허리를 굽히지 않고 "내려갑니다 올라갑니다"라고 말해주며 내려갔다 올라옵니다. 이때 무릎이 발가락보다 나오지 않게 합니다.

1석2조 맘&베이비 요가

흔들흔들 엄마 그네

1. 다리를 어깨너비보다 조금 더 넓게 벌리고 다리를 쭉 펴고 허리를 90도로 숙여 아기를 잘 받쳐 안아줍니다.
2. 앞뒤로 흔들흔들 그네를 태워줍니다.

★ 주의 ★
아기가 떨어지지 않도록 주의하여 잡아줍니다.

이 책에 도움을 주신 분들

 아로마 테라피 효능의 호주 하이엔드 자연주의 화장품 브랜드로, 밀크앤코의 '베이비 아로마 마사지 세트'는 천연 영양분으로 가득 채운 아로마 보습이 오랫동안 촉촉하고 건강하게 아기의 피부를 가꾸어주며, 마사지를 통한 엄마와의 감성교감으로 정서 발달에도 도움을 줍니다.

 수년 간 국내외 유아안전용품 및 생활용품 200여 종류를 공급해온 기업으로, 베베앙 매트는 국내/외 우수 인증기관에서 안전성 검증 및 합격을 받은 상품으로 충격 및 층간소음을 해결해주는 안전한 매트로서 손쉬운 시공으로 다양한 설치가 가능합니다.

 아보브네이쳐의 '네츄럴오가닉 아기물티슈'는 미 FDA가 승인한 항균효능테스트에서 전항목 99.9%로 유해균 없는 안전한 물티슈로 인정받은 제품으로 안전성은 높이고 피부자극은 낮추어 민감하고 연약한 신생아부터 알러지 걱정 없이 안전하게 사용할 수 있습니다.

 에스라티는 우리의 자연을 잘 보존하는 것만이 우리가 계속해서 좋은 옷을 만들 수 있는 밑거름이라는 신념으로 우리 몸과 가장 친숙한 요가복과 옷을 만드는 곳입니다.

쓰담쓰담 엄마손길

초판 1쇄 발행 2015년 11월 27일

지은이 정혜미 / **감수** 인선화 / **사진** 유별남·권순섭
펴낸이 추미경

책임편집 주열매 / **마케팅** 신용천·송문주 / **디자인** 유제이 / **제작총괄** 김동춘

펴낸곳 베프북스 / **주소** 경기도 고양시 덕양구 화중로 130번길 48, 6층 603-2호
전화 031-968-9556 / **팩스** 031-968-9557
출판등록 제2014-000296호

ISBN 979-11-86834-03-9

전자우편 befbooks75@naver.com
블로그 http://blog.naver.com/befbooks75 / **페이스북** https://www.facebook.com/bestfriendbooks75

- 이 책의 저작권은 베프북스에 있으므로 무단 전재와 복제를 금합니다.
- 잘못된 책은 구입하신 서점이나 본사로 연락하시면 바꿔 드립니다.
- 책값은 뒤표지에 있습니다.